Tai chi

voor een gezond en vitaal lichaam

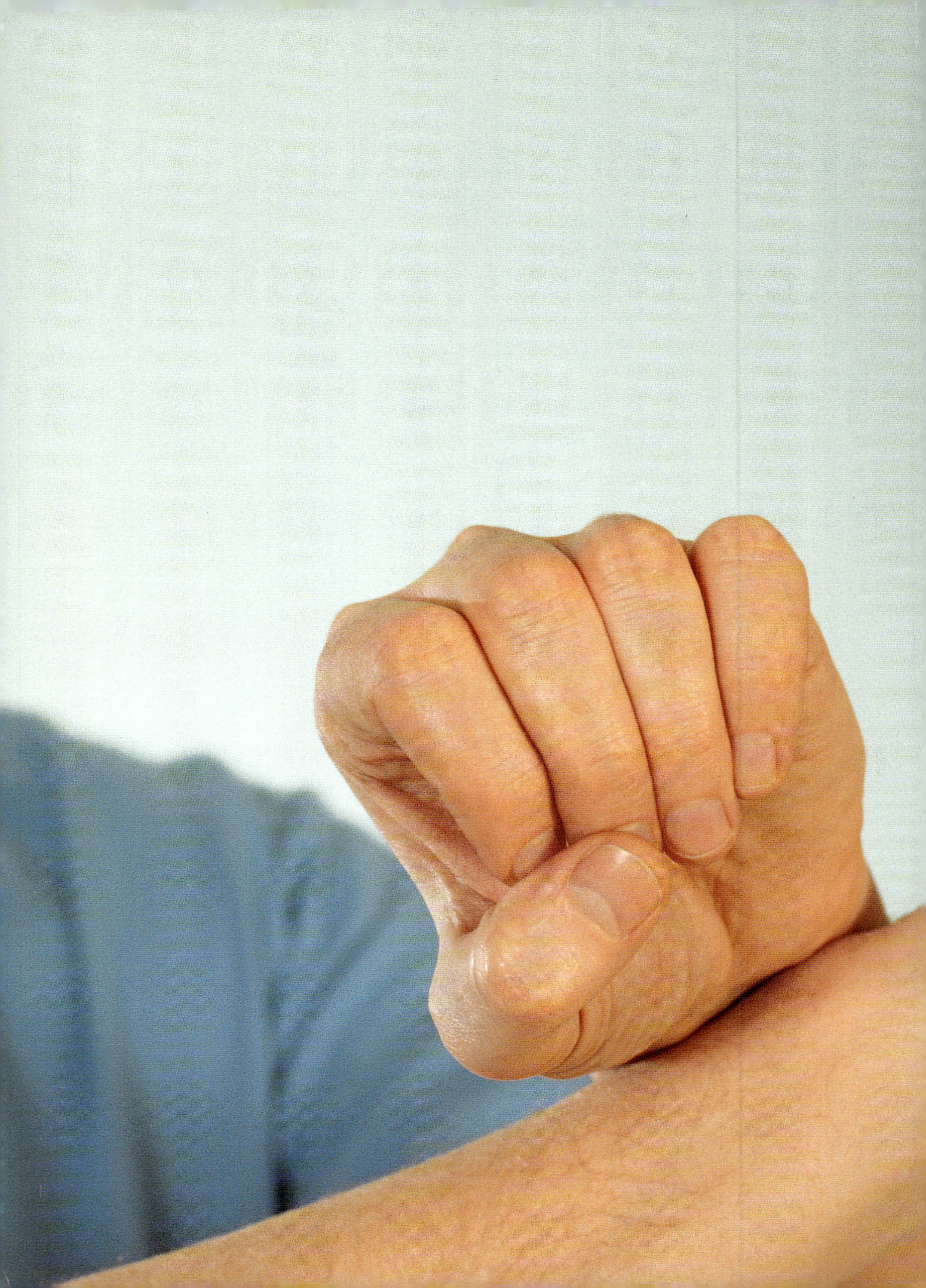

Tai chi

voor een gezond en vitaal lichaam

Een heldere gids voor de korte yang-vorm

Robert Parry

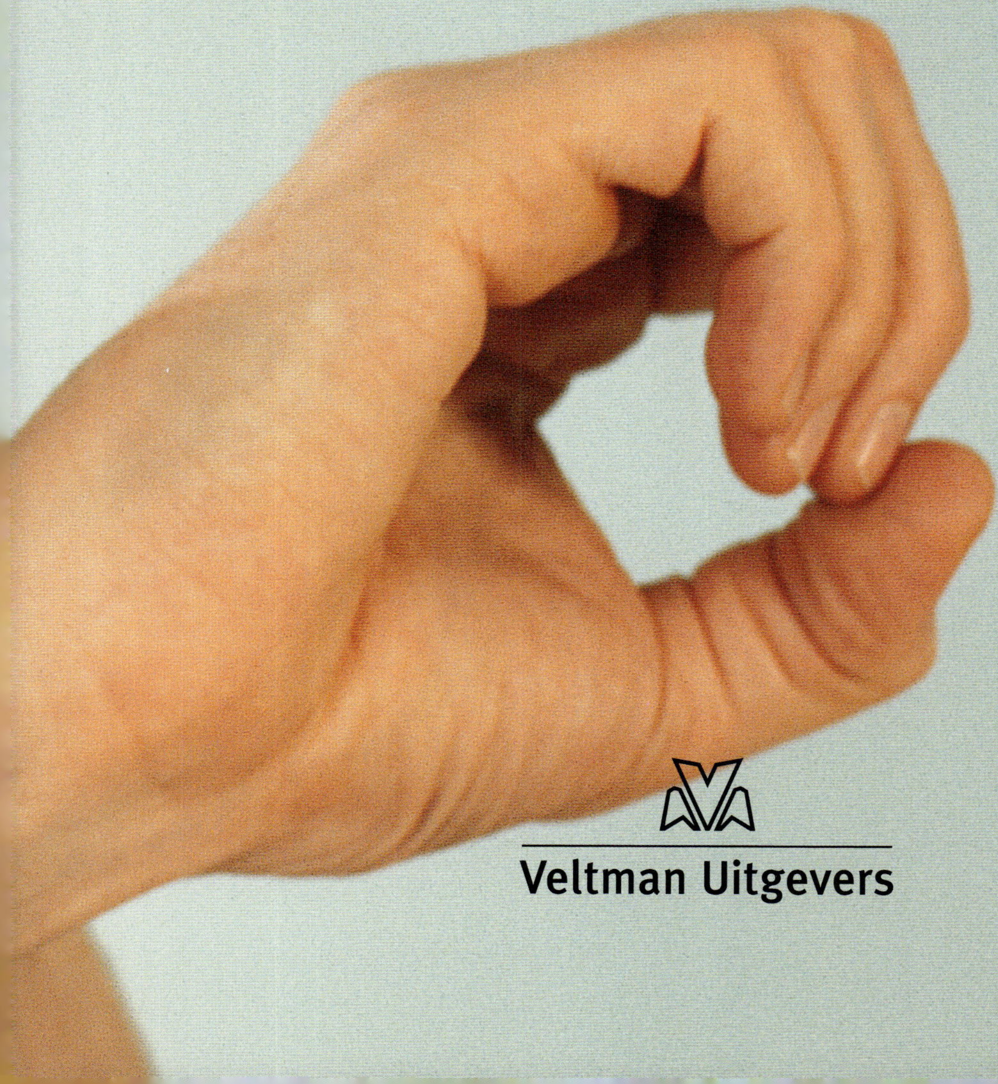

Veltman Uitgevers

Voor mijn leermeesters, voor iedereen die mij geholpen heeft, en voor Ruby.

Oorspronkelijke titel:
Tai Chi for Health & Vitality

Nederlandstalige uitgave:
© 2005 Veltman Uitgevers, Utrecht
Vertaling: Tanja Timmerman/Vitataal
Redactie en productie: Vitataal, Oostum
Omslagontwerp: Ton Wienbelt, Den Haag
Opmaak: De ZrIJ, Utrecht

ISBN 90 5920 339 9

Tai chi is een veilige en rustige oefenvorm en een geweldig middel om fit en gezond te blijven. Tai chi is echter niet bedoeld voor de behandeling van ziekten en kwalen, en kan zeker geen ernstige aandoeningen genezen. De auteur en uitgever aanvaarden geen enkele aansprakelijkheid bij eventuele tegenspoed voortkomend uit het op verkeerde wijze toepassen van de technieken in dit boek. Raadpleeg altijd eerst uw huisarts voor u aan een nieuw oefenprogramma begint.

Inhoud

Inleiding

Tijger en Gouden Fazant, Kraanvogel en Slang, Wolkenhanden en Aap, dit zijn de namen van enkele beelden in de serie langzame, sierlijke bewegingen die bekendstaan als 'tai chi'. Het leven van mensen die aan tai chi doen, is verweven met de termen gezondheid, vitaliteit, bewegingsmeditatie en vitale energie. De magie van deze rustige kunstvorm – en tegelijkertijd de essentie van dit boek: 'zichtbaar gemaakte ademhaling'.

Toen ik in de jaren negentig over tai chi ging schrijven, was alles nog anders. Je moest heel voorzichtig uitleggen wat tai chi – die bijzondere, mysterieuze oefenvorm uit China – was. Alleen door de gunstige effecten op de gezondheid de hemel in te prijzen kon je mensen ervan overtuigen dat tai chi ontspannend en kalmerend is en tegelijkertijd op bijzondere wijze energie geeft. Tegenwoordig is dit gelukkig anders. De meeste mensen hebben wel enig idee van wat tai chi is. Bijna iedereen heeft er wel eens iets van gezien, op televisie of tijdens een reis naar het Verre Oosten. In de grote steden staan regelmatig mensen in parken 's morgens vroeg hun oefeningen te doen, en tai chi-cursussen schieten als paddestoelen uit de grond. Zo langzamerhand hebben veel mensen het gevoel dat die sierlijke, dansachtige bewegingen dus wel ergens goed voor zullen zijn.

Natuurlijk is dit bewustzijn nog niet hetzelfde als actieve deelname. Er zijn nog steeds veel mensen die langs de zijlijn staan te kijken en zich aangetrokken voelen door de unieke eigenschappen en bijzondere elegantie van tai chi, maar niet goed weten hoe ze er zelf aan kunnen beginnen. Ze zouden het graag eens proberen, maar hebben nog niet de tijd, of het zelfvertrouwen, gevonden om uit te zoeken waar ze dan naartoe moeten. Dat begrijp ik, het is mijzelf ooit ook zo vergaan. Ik had het geluk op een dag bij mij in de buurt op een klasje vroege tai chi-enthousiastelingen te stuiten. Dat was voor mij het keerpunt.

Dus, maak u geen zorgen als u nog nooit aan tai chi heeft gedaan. Volg gewoon de aanwijzingen in dit boek en ik kan u verzekeren dat u een indruk krijgt van hoe tai chi voelt.

Door de oefeningen zult u ontdekken hoe tai chi:

- uw balans verbetert
- uw zelfvertrouwen vergroot
- uw algehele fitheid vergroot
- uw weerstand vergroot tegen veelvoorkomende kwalen als verkoudheid en een griepje

Na een tijdje lukt het u misschien zelfs om met tai chi stress onder controle te krijgen, beter te ontspannen en die door veel mensen nagejaagde 'innerlijke rust' te vinden, die we in deze lawaaiige en chaotische wereld allemaal zo goed kunnen gebruiken. Klinkt goed? Ik kan u vertellen: het ís goed!

Wilt u voor uzelf zorgen met rustige, inspirerende oefeningen? Zoekt u een manier om uw stress onder controle te krijgen? Dan bent u bij tai chi aan het juiste adres. En voor wie geïnteresseerd is in de ideeën en overtuigingen van andere culturen, is tai chi ook nog eens een mooi uitgangspunt om die te ontdekken.

TAI CHI VOOR IEDEREEN

Voor wie is tai chi? Voor iedereen! Tai chi is geschikt voor alle leeftijden en alle conditieniveaus. Of u nu supersportief bent of eigenlijk liever op de bank hangt, of u nu jong of oud bent, u heeft altijd iets aan deze prachtige, sierlijke bewegingen. Tai chi kan door zowel valide als minder valide mensen en tot op zekere hoogte zelfs zittend worden beoefend.

Niemand zal de toegang tot de wereld van tai chi worden ontzegd – het enige wat u nodig heeft, is een zekere mate van toewijding, want het duurt een tijdje (eerder maanden dan weken) voor u de hele serie bewegingen onder de knie heeft en zich er lekker bij voelt. Als u de serie echter helemaal van begin tot eind kunt uitvoeren, kan de magie beginnen en kunnen alle positieve veranderingen in u plaats gaan vinden.

Het uitvoeren van rustige, versterkende oefeningen in de vroege ochtend is een manier van leven in China.

POSITIEVE EFFECTEN

De tai chi-ervaringen verschillen per persoon, maar over het algemeen versterkt tai chi uw vaardigheden op het gebied waarin u actief bent.

- Artiesten en dansers zien verbetering in hun optredens en creativiteit.
- Verkopers krijgen meer zelfvertrouwen.
- Therapeuten krijgen een betere verstandhouding met hun patiënten.
- Mensen die herstellen van ziekte, worden sneller beter.
- Golfers krijgen een betere swing.

Wat u ook doet, u zult merken dat tai chi deuren opent naar nieuwe ervaringen en u helpt succesvoller te zijn in wat u onderneemt.

Anders gezegd: door tai chi zitten we lekkerder in ons vel, en dat kan een heel prettig gevoel zijn.

Waarom tai chi?

Het Chinese woord *tai* betekent 'geweldig' en *chi* kan op verschillende manieren worden vertaald, zoals 'toppunt' of 'energie'. Het draait om de ultieme energie en het creëren van levenskracht door oefening. Chi is overal. Chi steunt ons in alles wat we ondernemen, en helpt ons bewegen en ademen. Chi helpt ons ziekte te weerstaan en om te denken en beslissingen te nemen. Chi zit zowel in onze botten als in onze gedachten. Anders gezegd: door tai chi zitten we lekkerder in ons vel, en dat kan een heel prettig gevoel zijn.

En zelfs dit doet nog niet geheel recht aan de volledige betekenis van de invloed van tai chi. Veel mensen zullen zeggen dat tai chi ook een vechtsport is, vooral op het hoogste niveau. Vechtsporten floreerden in het China van de twaalfde en dertiende eeuw; gevechtstechnieken werden met therapeutische oefeningen gecombineerd tot tai chi chuan. De bewegingen zijn daarom krachtig en dynamisch, ook al worden ze gebruikt als ontspanningsmiddel. Zelfs de langste lijst schriftelijke instructies zou u echter niet de vaardigheden kunnen leren die u nodig heeft om tai chi als vechtsport te beoefenen. En ik zou het u al helemaal niet kunnen leren.

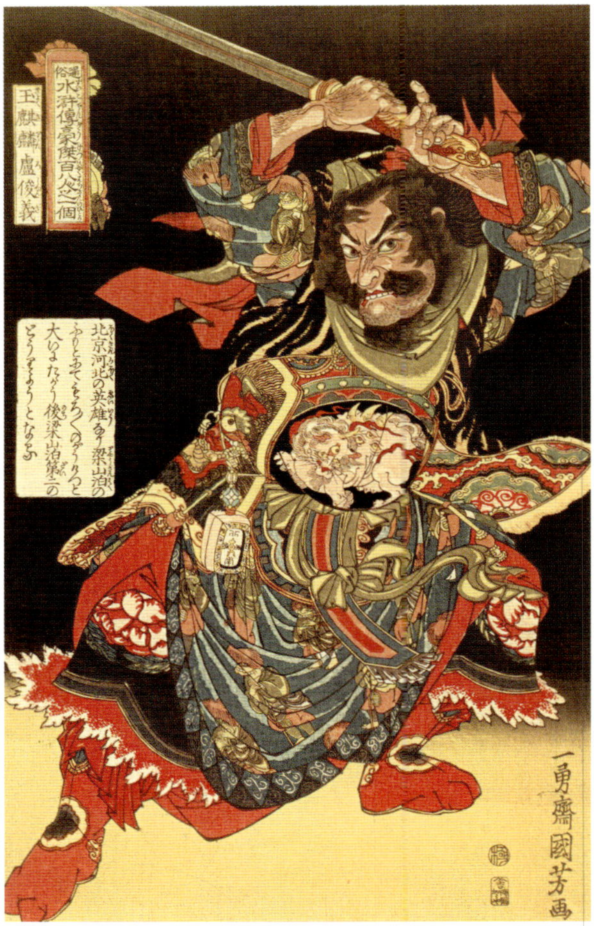

Tai chi is afgeleid van de oosterse vechtsport-tradities.

ONTSPANNING DOOR BEWEGING

Als fan van de oosterse geneeskunde ben ik altijd onder de indruk geweest van de heilzame werking van tai chi in termen van gezondheid en fitheid. De hier besproken tai chi is dan ook voornamelijk op die aspecten gericht. Het is de soort tai chi die soms wel 'bewegingsmeditatie' wordt genoemd. Er is niets vreemds of mysterieus aan. Bewegingsmeditatie betekent simpelweg dat tai chi u kan helpen een staat van innerlijke rust te bereiken en tegelijkertijd veel goeds kan doen voor uw fysieke gesteldheid. Tai chi blijft daardoor heel praktisch en gebaseerd op de realiteit. Tai chi stimuleert u te ontspannen zonder u te vervelen.

Ontspanning is iets raars. We kennen het woord, maar veel mensen hebben nog nooit echte ontspanning gevoeld. Als we ze vragen: 'Wat doet u om te ontspannen?', zeggen ze: 'Ik ga naar de bioscoop', of 'Ik doe aan basketbal', of 'Ik breng tijd door met mijn familie en kinderen.' In de praktijk is geen enkele van deze activiteiten echt ontspannend. Ze zijn misschien wel leuk en geven de gelegenheid om stoom af te blazen, maar brengen meestal extra lichamelijke en geestelijke stress met zich mee. Bij tai chi betekent 'ontspanning' in staat zijn spanning los te laten – om de eindeloze tredmolen van stress, competitie, stimulansen en emotionele ups en downs die de meeste bezigheden vergen, even achter ons te laten, al is het maar tien minuten per dag. We doen dit echter niet door ons van ons lichaam af te keren, maar juist door ermee te werken, met kalmerende en op de realiteit geënte bewegingsoefeningen.

HET MIDDENPAD

Ik denk dat dit realiteitsbesef – het met beide benen op de grond staan – een belangrijk aspect van tai chi is; wat onze persoonlijke doelen ook zijn als we aan de slag gaan met een ontspanningstechniek, iedereen heeft een bepaald uithoudingsvermogen en zekere geestelijke helderheid nodig om succesvol te kunnen functioneren in het echte leven. Zelfs de meest bescheiden tai chi-enthousiasteling zou moeten streven naar – slechts een deeltje van – de balans en innerlijke kracht die we zien bij een tai chi-demonstratie van een meester. Als u tai chi zo kunt beleven, als een mengsel van praktijk en inspiratie, zult u merken dat u meer presteert en meer zelfvertrouwen heeft in elk aspect van uw leven, op het werk en tijdens het sporten.

Bij tai chi gaat het er uiteindelijk om te vinden wat de geleerden in het oude China het 'middenpad' noemden: het ultieme raakpunt tussen een fysiek lichaam en een denkend, voelend individu. Ondanks dat dit middenpad voor iedereen anders kan zijn, is dit boek bedoeld om u te begeleiden bij uw eerste stappen van deze speciale zoektocht naar uw middenpad. Ik hoop dat u dit ook zo ervaart en dat u zult genieten van wat volgt.

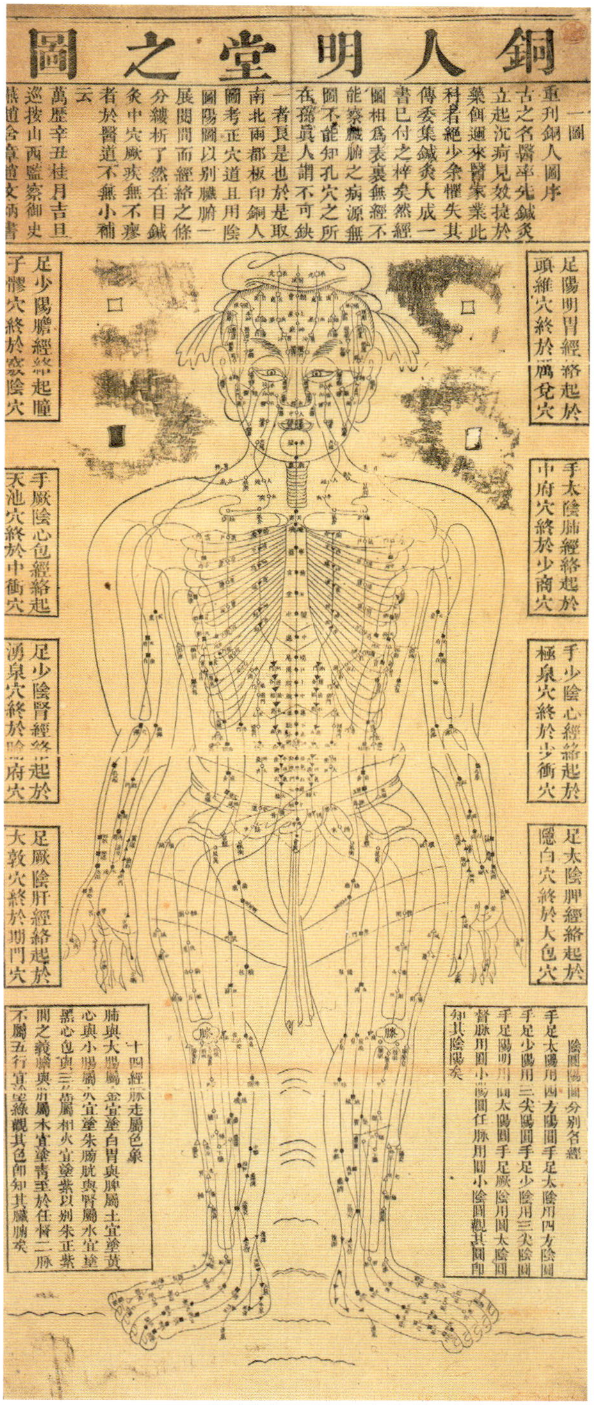

De loop van de energiekanalen werd langgeleden in kaart gebracht in het oude China.

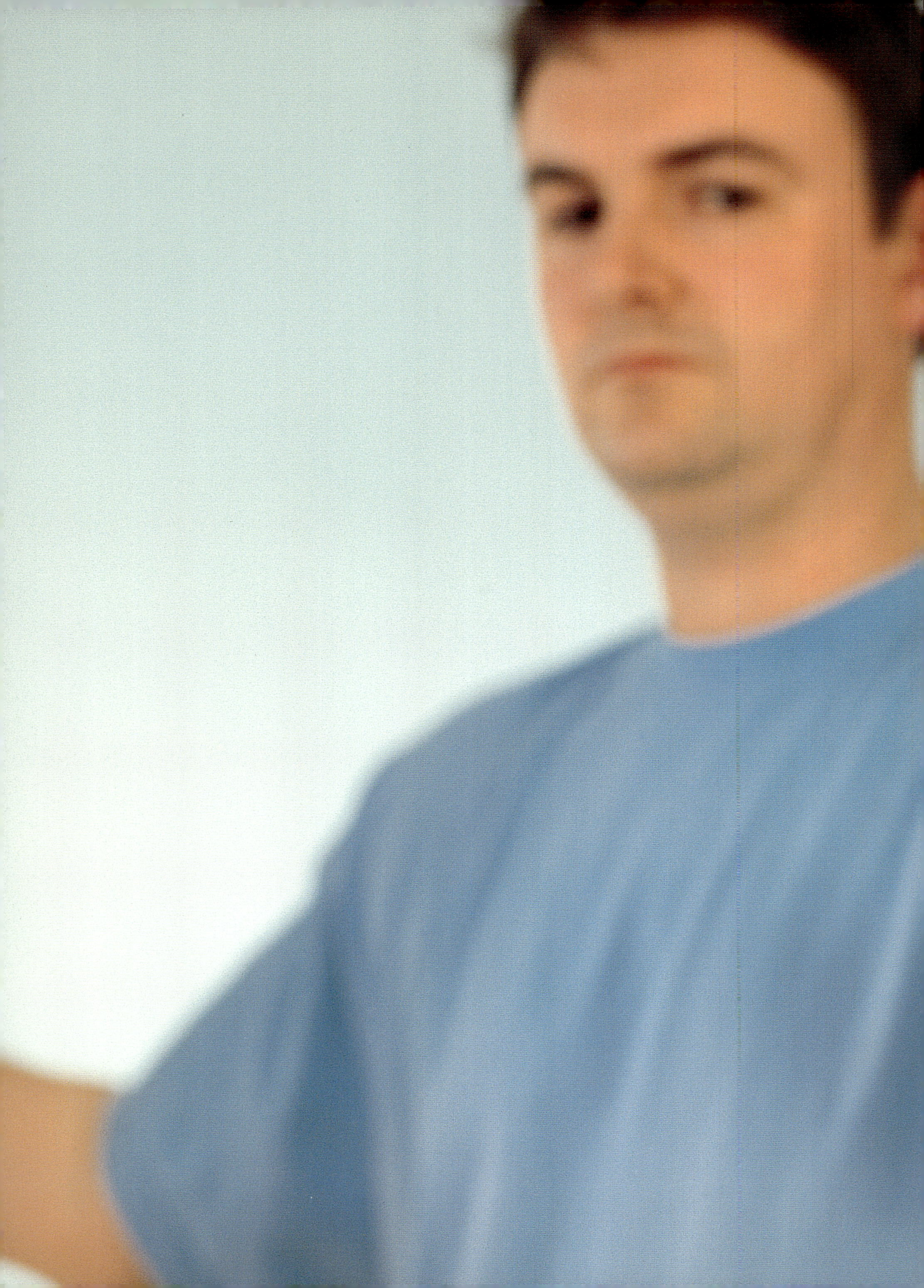

wat is tai chi?

De korte yang-vorm

Je zou kunnen zeggen dat tai chi 'zichtbaar gemaakte ademhaling' is – een combinatie van langzame bewegingen en een rustige, regelmatige ademhaling. Het ritme en tempo van de ademhaling bepaalt de snelheid waarmee de bewegingen worden uitgevoerd. Dit is anders dan bij de meeste andere oefenvormen, waarbij de ademhaling juist de bewegingen volgt, vaak op een vrij willekeurige manier.

Een ander belangrijk kenmerk van tai chi is dat het is gebaseerd op een exacte serie bewegingen, die vaak van generatie op generatie overgaat. Deze serie verandert niet: de bewegingen worden altijd in dezelfde volgorde uitgevoerd. Zo'n serie wordt een 'vorm' genoemd. Er zijn tegenwoordig veel verschillende tai chi-vormen. Ze staan voor even zovele stijlen en tradities. Zelfs binnen een stijl kunnen variaties ontstaan. De vorm die wij gaan bespreken, is een van de populairste vormen: de korte yang-vorm.

Het woord 'yang' van deze vorm heeft niets te maken met yin en yang (zie blz. 16-17). Yang is de naam van de familie die de stijl bedacht heeft. De korte vorm werd bedacht door een leerling van de familie, Cheng Man Ching (1900-1975). Cheng Man Ching was niet alleen tai chi-meester, maar deed ook aan kruidengeneeskunde, was professor in literatuur, schilder en kalligrafist. Als iemand een rol heeft gespeeld bij het populair en geaccepteerd maken van tai chi buiten China, is het wel Cheng Man Ching. Zijn vorm is een fantastische en blijvende getuigenis van zijn vermogen de essentie van zo'n complexe kunstvorm aan zoveel mensen over te brengen. Hij ontwikkelde de korte yang-vorm om de effecten op de gezondheid van tai chi te promoten en om het relatief eenvoudig te maken voor westerse mensen tai chi te beoefenen, in tegenstelling tot sommige traditionelere en meer op vechtsporten gebaseerde vormen. De korte yang-vorm is dus ideaal voor ons doel.

Een typische voorwaartse tai chi-serie

De principes van tai chi

In het volgende hoofdstuk en daarna gaan we de fysieke vorm van tai chi-oefeningen nader bekijken. Aan de hand van een stap-voor-stapuitleg wordt elke beweging besproken. Maar voor we daaraan beginnen, gaan we eerst eens kijken naar hoe het allemaal werkt en, in het bijzonder, wat er zo speciaal is aan het dagelijks beoefenen van tai chi dat het zulke geweldige effecten op de gezondheid heeft.

Om deze vragen te beantwoorden gaan we terug in de tijd, naar de culturen waar dit soort oefeningen het eerst verschenen. Hoewel de tai chi die we vandaag de dag beoefenen rond de dertiende eeuw is ontstaan, was er toen al een nauwe relatie met de filosofie en geneeskunde van de Chinese cultuur van duizenden jaren daarvoor. Daar, in het zeer verre verleden, liggen de ware wortels van tai chi.

Het belangrijkste principe, en het enige waaraan u moet denken als u een verklaring probeert te vinden voor hoe tai chi (of eigenlijk oosterse geneeskunde) werkt, is het bestaan van een universele energie of levenskracht. Deze energie of levenskracht, die we eerder al hebben gezien, heet 'chi' – of 'qi' – en stroomt door alle elementen van de natuur, van de allerkleinste microbe tot de allergrootste ster.

Het Chinese karakter voor chi (of qi).

BELANGRIJKSTE EIGENSCHAPPEN VAN TAI CHI

- Langzame, rustige, beweging zonder spanning.
- Rustige, regelmatige ademhaling.
- Bevordert de spiertonus.
- Bevordert de bloedsomloop.
- Stimuleert het lymfvatenstelsel.
- Verhoogt de weerstand tegen kwalen.
- Zorgt voor ontspanning.
- Bevordert geestelijke helderheid, creativiteit en zelfvertrouwen.
- Zorgt voor innerlijke rust.

De Jingluo

Chi stroomt door het menselijk lichaam via een aantal kanalen, die we 'meridianen' noemen. Deze kanalen werden duizenden jaren geleden in kaart gebracht door de briljante geleerden van het oude China. Tegenwoordig wordt er nog steeds naar verwezen; duizenden acupuncturisten, masseurs, kruidengeneeskundigen en healers over de hele wereld maken gebruik van deze meridianen.

Sommige kanalen zijn groter dan andere en lopen door de belangrijkste organen van het lichaam, waaraan ze hun naam ontlenen. Zo hebben we bijvoorbeeld het kanaal van de Lever, dat begint in de tenen, omhoogloopt door de lever en eindigt in de borst. Dan is er het kanaal van de Blaas, dat over de hele rug loopt, en dat van de Long, dat van de borst door de armen naar de duimen loopt. In totaal zijn er veertien hoofdkanalen. Daarnaast is er een aantal kleinere kanalen en zijn er een heleboel zeer kleine, haarvatachtige kanalen, die ervoor zorgen dat de chi door het lichaam kan stromen. De verzamelnaam voor het meridianenstelsel is de Jingluo. De Jingluo zorgt ervoor dat alle cellen, botten, spieren en pezen voortdurend worden gevoed met levensenergie.

De bewegingen van tai chi hebben als doel de tocht van chi door de Jingluo te stimuleren en te bespoedigen. Bepaalde bewegingen stimuleren bepaalde kanalen op subtiele wijze, zoals we verderop zullen zien. Het kan zijn dat u de energie soms letterlijk door uw ledematen of door uw lichaam voelt stromen als u een tai chi-serie uitvoert. Op dat moment stroomt de chi krachtig en voedt daarbij alle organen en stelsels van het lichaam die hij onderweg tegenkomt. Het is simpelweg een bevestiging van de effectiviteit van deze fantastische oefenmethode.

HET VITALE CENTRUM

Er zijn ook plekken in het lichaam waar chi geconcentreerder stroomt en wordt opgeslagen. Tai chi, maar ook gerelateerde stromingen als qi kong en yoga, leren ons dat deze punten zich bevinden op plaatsen als de onderbuik, de borst en de onderrug, tussen de nieren. Bij tai chi proberen we aandacht te schenken aan deze punten, vooral aan het punt dat 'tan tien' (ook wel 'dan dien') wordt genoemd en zich vlak onder de navel bevindt. Tan tien wordt algemeen als het vitale centrum van het lichaam beschouwd.

De meeste, zo niet alle, tai chi-bewegingen worden vanuit dit punt uitgevoerd. Het voortdurende draaien van het middel en het daarmee gepaard gaande stimuleren van het vitale centrum helpt bij het produceren en vrijlaten van 'innerlijke energie'. Deze energie stroomt door de ledematen, vooral de handen en voeten. Sommige mensen ervaren dit als een tinteling, andere als een koele energie en weer andere, paradoxaal genoeg, als hitte. Veel mensen voelen helemaal niets, maar dat geeft niet.

Als u al bezig bent met holistische therapieën, zoals massage, shiatsu of aromatherapie, weet u al hoe zinvol het is om een verbinding te maken, ook al is het slechts mentaal, tussen het vitale centrum van uw lichaam en uw handen.

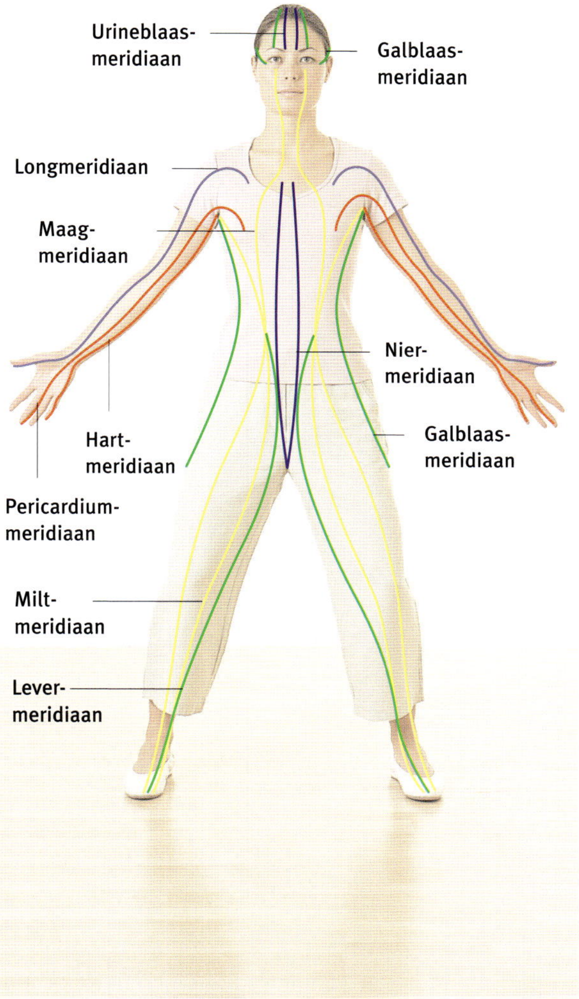

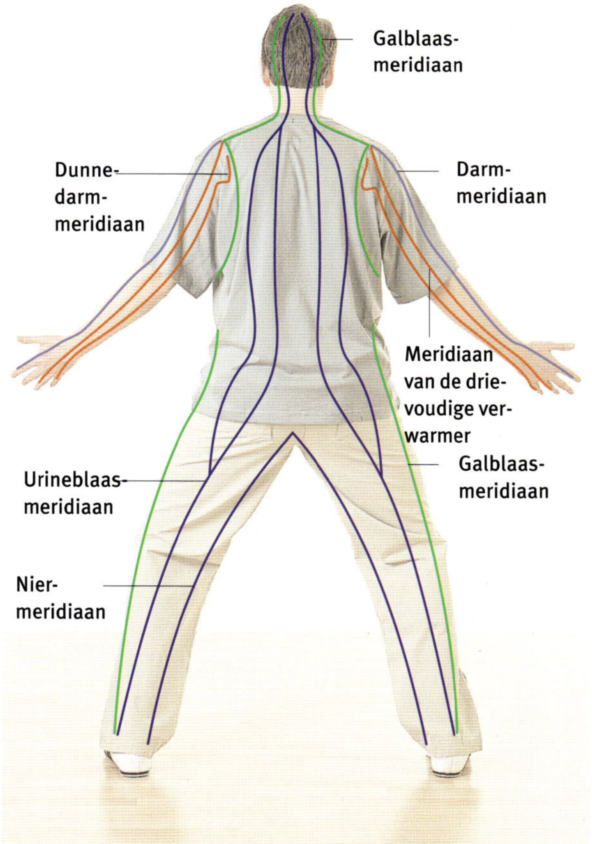

De chi-stroom door het lichaam. De verschillende kleuren wijzen op verschillende organen waardoor de energie stroomt. Groen staat voor het kanaal van de Lever en van de Galblaas, blauw voor het kanaal van de Nieren en van de Blaas, enzovoort.

Yin en Yang

Het tweede belangrijke principe dat ten grondslag ligt aan de stroom van chi door het lichaam, vindt zijn oorsprong ook in de oude culturen en medische filosofieën van het Verre Oosten. Dit principe is het beroemde duo Yin en Yang. Een van de manieren voor chi om door het lichaam te stromen is via het samenspel van deze twee tegenpolen, die in de hele natuur werkzaam zijn.

Yin en Yang, die gezien worden als een soort positief-negatieve dynamiek, worden meestal als elkaars tegengestelden beschouwd, maar ze hebben ook een wederzijds ondersteunende relatie en kunnen zelfs in elkaar veranderen. De tabel rechts helpt u deze twee belangrijke, elkaar afwisselende energiefasen beter te begrijpen.

Al deze tegengestelde waarden zijn afhankelijk van elkaar en altijd aan verandering onderhevig. Als geheel worden ze vertegenwoordigd door wat nu de 'tai chi' wordt genoemd. Deze staat van eenheid wordt al genoemd in de oude klassieker in de Chinese litera-

YANG	YIN
Licht	Donker
Dag	Nacht
Zomer	Winter
Lente	Herfst
Droog	Nat
Warm	Koud
Vurig	Waterig
Actief	Passief
Uitzetting	Samentrekking
Voorwaarts	Achterwaarts
Spiritueel	Materieel
Activiteit	Stilstand
Openhartig	Gereserveerd
Stevig	Buigzaam

tuur *I Ching* of het *Boek der veranderingen*, waarvan delen reeds uit de twaalfde eeuw v.Chr. dateren. Later werd deze eenheid samengevat in het beroemde symbool 'tai chi tu', dat iedereen tegenwoordig wel kent. De cirkel is verdeeld in een licht en donker deel met een vloeiende curve, die voor beweging en verandering staat. De twee stippen, elk op een helft, staan symbool voor de kiem of het latente potentieel tot verandering dat aanwezig is in de kern van elke pool. Zomer (Yang) kan bijvoorbeeld elk moment in Winter (Yin) veranderen, Licht in Donker, Dag in Nacht, en vice versa.

YIN EN YANG IN TAI CHI

In een tai chi-vorm heeft elke beweging een Yin- en een Yang-deel. Een beweging heeft vaak een naar binnen gerichte, voorbereidende positie (Yin), die wordt gevolgd door een voorwaartse, naar buiten gerichte beweging (Yang). Dan begint de hele cyclus opnieuw met een naar binnen gerichte positie. Dit samenspel van Yin en Yang wordt in de hele serie bewegingen op een kalme, regelmatige manier vervolgd, begeleid door de ademhaling. We laten de Yin-fase van elke beweging samengaan met de inademing en daarna de Yang-fase met de uitademing.

De ademhaling bepaalt het tempo waarin Yin verandert in Yang en een beweging overgaat in de volgende. Deze voortdurende dynamische interactie helpt ons de chi door het lichaam te transporteren en heeft een zeer positieve uitwerking op de gezondheid. Zolang chi zich efficiënt door de Jingluo kan bewegen, is het lichaam kwiek en soepel. Zodra chi echter niet goed stroomt, kunnen er stagnatie en verval optreden. Beweging en verandering zijn de kern van het leven en daardoor ook van tai chi.

Positieve effecten van tai chi

Wat zijn nu die positieve effecten van tai chi en hoe lang duurt het voor we al deze veranderingen ervaren? Als u in uw achterhoofd houdt dat tai chi nooit een medische behandeling mag vervangen, als u dagelijks uw oefeningen doet en bereid bent minstens 10-15 minuten aan elke sessie te besteden, kunt u na een paar weken al een verbetering in uw balans, lenigheid en lichaamscoördinatie verwachten.

Een en ander hangt uiteraard af van uw uitgangswaarden, zoals uw gezondheid en uw leeftijd op het moment dat u met tai chi begint. Wie sterk en gezond is, heeft natuurlijk een voorsprong op iemand met een zwakker gestel. Maar ook kleine gezondheidsproblemen kunnen al afnemen na een paar maanden, wanneer uw bloedsomloop en ademhaling verbeteren door uw vergrote algehele vitaliteit. De positieve effecten op uw cardiovasculaire systeem (hart en longen) zijn, met andere woorden, al vrij snel merkbaar.

In dit boek worden de specifieke effecten op de gezondheid genoemd naast de betreffende bewegingen – die bewegingen die in het bijzonder invloed uitoefenen op specifieke lichaamsdelen of op bepaalde organen. De effecten van tai chi op de gezondheid zijn na verloop van tijd echter beter merkbaar in het algehele effect van alle bewegingen samen. Na een paar maanden, wanneer u steeds meer opgaat in uw tai chi-beoefening, zult u ook veranderingen ervaren in uw omgang met stress en spanning en zal uw zelfvertrouwen groter worden.

POSITIEVE EFFECTEN

Regelmatig aan tai chi doen zorgt voor:

- rustige aërobe oefening.
- minder lichaamsspanning.
- betere spiertonus in benen, middel en billen.
- meer weerstand tegen veelvoorkomende kwalen.
- meer ontspanning en rust.
- een beter werkend lymfvatenstelsel.
- beter functioneren van hart, longen en spijsverteringsstelsel.
- meer creativiteit en zelfvertrouwen.

Wei Chi

Uw weerstand tegen veelvoorkomende kwalen, zoals verkoudheid en een griepje, wordt groter doordat uw immuunsysteem beter gaat functioneren. Tai chi versterkt het door de 'wei chi' een impuls te geven. 'Wei chi' is de term die in de oosterse geneeskunde wordt gebruikt voor de afwerende energie die het lichaam beschermt tegen infecties. Wei chi is nauw verbonden met de longfunctie. Het centrum van wei chi ligt in de borst, maar de energie waaiert uit over het lichaam en vormt zo een beschermend schild.

Het lymfvatenstelsel

Dat tai chi werkt omdat het de energiestroom door het lichaam bevordert, is allemaal leuk en aardig, maar we zouden ook graag een meer wetenschappelijke verklaring zien. Die hebben we: de langzame, niet-gespannen bewegingen zijn zeer bevorderlijk voor het lymfvatenstelsel. We merken eigenlijk alleen dat we lymfklieren hebben als we ziek worden. De klieren bevinden zich geconcentreerd op een aantal plaatsen in het lichaam, zoals de hals, borst, oksels, liezen, ellebogen en knieën. Als er ziekte op de loer ligt, zwellen ze op en worden ze pijnlijk. Dat komt doordat ze deel uitmaken van het immuunsysteem; ze houden het interne evenwicht van het lichaam in stand en zuiveren het lichaam van giftige stoffen en bacteriële, virus- en schimmelinfecties.

BEWEGEN ZONDER SPANNING

Het lichaam heeft wel een manier om afvalstoffen en gifstoffen af te voeren naar het lymfvatenstelsel, maar lymf, de vloeistof die die stoffen transporteert, wordt niet, zoals het bloed door het hart, door een pomp door het lichaam gestuwd. Lymf is grotendeels afhankelijk van lichaamsbeweging; het lichaam houdt het proces gaande door de bewegingen die voortkomen uit zijn dagelijkse taken.

Het probleem van de huidige gestreste wereld is dat juist die lichaamsdelen die zo belangrijk zijn voor het functioneren van het lymfvatenstelsel – de borst, oksels, liezen enzovoort – vaak zo vol spanning zitten dat dat proces ernstig wordt verstoord. Zelfs als we actief zijn en veel oefeningen doen, kunnen deze delen simpelweg door spierspanning nog gespannen en verstopt zijn.

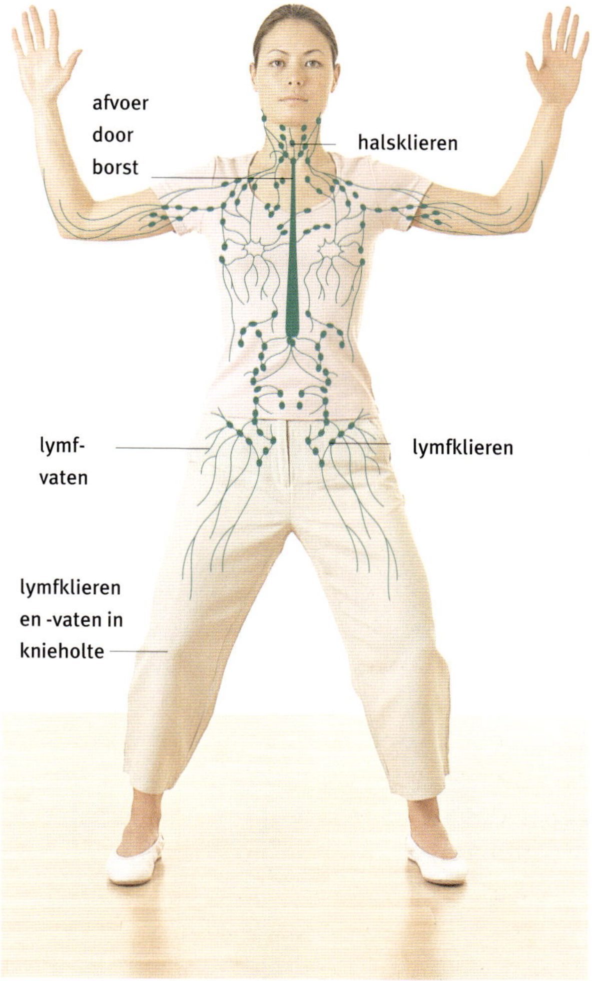

Het lymfvatenstelsel helpt het lichaam gifstoffen af te voeren en gaat infecties te lijf.

Tai chi stimuleert het lymfvatenstelsel juist. De belangrijkste reden waarom tai chi zo goed is voor de gezondheid, is dat de bewegingen met zo weinig mogelijk spierspanning worden uitgevoerd. Dagelijkse tai chi-beoefening helpt het lichaam bij zijn voortdurende pogingen zich te zuiveren van schadelijke stoffen en bacteriën. In de oosterse geneeskunde heeft dit weer alles te maken met het idee van wei chi: het beschermende schild van het lichaam.

Omgaan met stress

Tai chi wordt in de huidige hectische maatschappij vooral gebruikt als middel tegen stress. Het is al lange tijd bekend dat stress een grote rol speelt bij allerlei ernstige aandoeningen. Het beheersen van stress is dus niet alleen essentieel voor ons welbevinden, maar pakt ook veel gezondheidsrisico's bij de bron aan.

Er heersen allerlei opvattingen over hoe we het best kunnen omgaan met de problemen en spanningen van het moderne leven. Sommigen beweren zelfs dat stress helemaal niet zo erg is, omdat deze vaak deel uitmaakt van een stimulerende, succesvolle en bevredigende levensstijl. Te veel stress kan ons leven echter zo gaan beheersen dat onze gezondheid eronder gaat lijden en we niet meer kunnen genieten van datgene waar we zo hard voor gewerkt hebben.

Sommige mensen denken deze vicieuze cirkel te kunnen doorbreken door middel van hobby's – competitief sporten, kijken naar gewelddadige films, jachtige reizen naar exotische oorden, enzovoort – die vaak nog stressvoller zijn dan hun dagelijks leven! Dit is niets meer dan de ene vorm van stress vervangen door de andere. Stoom afblazen is weliswaar belangrijk in de omgang met stress, maar pakt niet de bron van het probleem aan, die is gelegen in onze innerlijke toestand. Tai chi richt zich wel op die bron door voor innerlijke rust te zorgen.

STRESS TE LIJF GAAN MET TAI CHI

Omdat u voor tai chi geen speciale voorbereiding, kleding of plaats nodig heeft, kunt u het heel makkelijk in uw dagelijkse routine opnemen. U kunt uw dag ermee beginnen – wat heel veel wordt gedaan in China – of u kunt een dag van hard werken afsluiten met tai chibeoefening, zodat u daarna rustig kunt slapen. Maar in de loop van de dag valt ook vaak wel een moment te vinden voor wat ontspannende oefeningen.

Laat u niet om de tuin leiden door gedachten als: vandaag was zo'n rotdag en ik voel me zo slecht, er is niets wat daar verandering in kan brengen. Dat is gewoonweg niet waar. Het is de stem van uw innerlijke slapjanus, een deel van u dat u regelmatig allerlei ingenieuze excuses influistert om niet aan uzelf te hoeven werken. Luister er niet naar, maar ga lekker bezig met tai chi! U wordt er een ander mens door en u kunt het doen wanneer u er zin in heeft.

BUIKADEMHALING

Als u de hele serie bewegingen eenmaal onder de knie heeft en ze zonder al te veel bewuste moeite rond uw natuurlijke ademhalingsritme uit kunt voeren, kunt u de ontspannende werking van tai chi versterken door de buikademhaling in uw oefeningen op te nemen. Bij deze ademhaling is de onderbuik ontspannen en zet deze uit aan het begin van een inademing. Het is alsof we de adem in onze buik laten lopen in plaats van onze longen, die zich veel hoger in de borst bevinden. Hierdoor laten we het middenrif, de belangrijke spier net onder de onderste ribben, zakken, waardoor de longen alle ruimte krijgen om lucht op te nemen. Deze beweging is heel subtiel en mag nooit worden geforceerd of krachtig worden uitgevoerd. Let in het begin heel bewust op het uitzetten van de buik; na een tijdje zult u merken dat u deze ademtechniek als vanzelf toepast. De buikademhaling is heel geschikt bij alle soorten meditatie of ontspanning, ook wanneer u gewoon in een stoel zit.

'Vechten of vluchten' versus rust

Eén verklaring voor het unieke effect van tai chi bij de aanpak van stress is de werking van het autonome zenuwstelsel, dat de interne organen, het pompen van het hart, de spijsvertering enzovoort reguleert. We kunnen deze activiteiten niet met onze wil beïnvloeden, maar onze gevoelens en gemoedstoestand hebben er wel een subtiel effect op.

'VECHTEN OF VLUCHTEN'

Het zenuwstelsel gaat op twee manieren te werk. De eerste is de sympathische manier, waarbij de lichaamsfuncties die te maken hebben met het 'vechten of vluchten'-overlevingsinstinct, in hoge staat van paraatheid zijn. Hoewel we tegenwoordig voortdurend op scherp staan en 'vechten of vluchten'-reacties vertonen, kunnen we er maar moeilijk uiting aan geven. In de file staan is zo'n typische 'vechten of vluchten'-situatie: we zijn alert en onrustig, maar kunnen geen kant op! Het lichaam kan dit meestal wel aan en wordt na verloop van tijd vanzelf weer rustig. Als dit soort situaties echter te vaak voorkomt, kan het lichaam vast komen te zitten in een staat van permanente stressprikkel, angst en nerveuze spanning. Lichaam en geest kunnen dan niet meer ontspannen en verliezen geleidelijk hun energie en gezondheid.

RUSTFASE

Gelukkig heeft het zenuwstelsel nog een tweede methode: de parasympathische methode of rustfase. Deze fase treedt in waneer we rustig zijn, als we ons ontspannen, veilig en zeker voelen; hij voedt de cellen en vult ze aan en laat ons uitrusten en slapen.

Door tai chi kunt u relatief eenvoudig overstappen naar die kalme, voedende rustfase, wat buitengewoon positief voor uw gezondheid kan zijn. U kunt deze overstap natuurlijk met elke vorm van ontspanning maken, maar tai chi is er in het bijzonder geschikt voor omdat u er niet stil voor hoeft te zitten of liggen. Door deze unieke eigenschap, die de meeste andere vormen van ontspanningstherapie niet hebben, kunt u in beweging blijven terwijl u ontspant – de 'bewegingsmeditatie' uit de inleiding. Op deze manier is de overgang van 'vechten of vluchten' naar de rustfase veel makkelijker dan wanneer u zichzelf moet dwingen te gaan zitten en te ontspannen – wat na een stressvolle dag vaak toch al heel moeilijk is. Dus zelfs vanuit een westers anatomisch en fysiologisch perspectief bezien is tai chi bevorderlijk voor heel veel concrete zaken. Op termijn kan tai chi echt het verschil uitmaken in de mate waarin het ons lukt stress een plek te geven in ons dagelijks leven en daarmee allerlei nadelige fysieke reacties voorkomen.

Iedereen heeft af en toe een beetje rust nodig om stress de baas te worden.

Gewichtsbeheersing

Misschien vraagt u zich af of tai chi ook helpt om af te vallen of er aantrekkelijker uit te zien. Als u de mening deelt dat mensen die bruisen van vitaliteit en zelfvertrouwen aantrekkelijker zijn dan mensen voor wie dat niet geldt, zou het antwoord wel eens positief kunnen zijn! Maar hoe zit dat dan met afvallen?

Veel mensen kampen met overgewicht, dat deels te wijten is aan onze moderne levensstijl: we zitten te veel en bewegen te weinig. Zoals u waarschijnlijk wel weet, is elke vorm van beweging – ook al loopt u maar wat rond – beter voor uw gewicht dan geen beweging. Het belangrijkste aan bewegen om af te vallen is echter dat u een oefenvorm kiest die u regelmatig kunt doen; en dat is best moeilijk, tenzij u iets kiest wat u leuk vindt.

Ik hoop dat u kunt genieten van tai chi: het is interessant en biedt voortdurend nieuwe uitdagingen, waardoor het makkelijker voor u zal zijn een uitvoerbaar oefenschema op te stellen. Anders dan bij het snelle wekelijkse bezoekje aan de sportschool of het rondje hardlopen door het park is tai chi iets waar u elke dag echt naar uit zult kijken. Tai chi zorgt voor die broodnodige regelmaat. Bovendien is tai chi ideaal als warming-up of cooling-down voor mensen die aan inspannender sporten doen.

Andere effecten

Tai chi helpt mensen die willen afvallen ook op een andere, subtielere manier. Tai chi zorgt ervoor dat het lichaam meer zuurstof opneemt. Zuurstof is nodig om te kunnen verbranden, en dat geldt ook voor calorieën. Als uw lichaamscellen veel zuurstof krijgen op een efficiënte manier, helpt dit bij het kwijtraken van vet en overtollige energie.

Tot slot hebben we gezien hoe tai chi de circulatie van lymf door het lichaam bevordert. Dat is belangrijk, want een slechte lymfcirculatie kan leiden tot vet- en vochtophopingen onder de huid en tot cellulitisvorming. Een goed functionerend lymfvatenstelsel zorgt, daarentegen, in combinatie met een verhoogde zuurstofinname voor een frisse, stralende huid door een betere celvernieuwing en een betere circulatie van essentiële voedingsstoffen.

Veel mensen hebben veel geld en tijd over voor een mooie huid. Crèmes, zalfjes, pillen en drankjes zijn best nuttig, maar uiteindelijk is onze innerlijke gezondheid het belangrijkste ingrediënt in de strijd om het behoud van een fris, jong uiterlijk.

POSITIEVE EFFECTEN

Samenvattend helpt tai chi om af te vallen door:

- voor lichaamsbeweging te zorgen waar u van geniet en zich niet toe hoeft te zetten.
- de zuurstofinname en calorieverbranding van het lichaam te verhogen.
- de circulatie van lymf te bevorderen en daardoor vetophopingen en cellulitisvorming te verminderen.

Houd er rekening mee dat u voor een merkbaar gewichtsverlies dagelijks voldoende moet bewegen.

Meer dan alleen het lichaam

Als we het hebben over de positieve effecten van tai chi, mogen we natuurlijk het innerlijk niet vergeten – tai chi kan enorm veel effect hebben op uw gevoelens en zelfvertrouwen. Eigenlijk zorgt elke vorm van lichaamsbeweging ervoor dat u zich goed voelt, omdat er hormonen in de hersenen vrijkomen, endorfinen, die u een euforisch gevoel geven.

De effecten van tai chi op uw gemoedstoestand gaan echter veel verder dan dat. Als u de vorm eenmaal beheerst en regelmatig oefent, komt u in een heel bijzondere cadans, die door de geleerden van de oude Chinese filosofie 'wu wei' werd genoemd.

Wu wei komt voor een deel overeen met de zeer ontspannen alfa-hersengolven uit de westerse wetenschap – het is een toestand die, bij regelmatige herhaling, tot talrijke positieve veranderingen in uw algehele houding en kijk op het leven leidt. Bijvoorbeeld:

- U voelt een verhoogde creatieve energie en nieuwe ideeën ontstaan gemakkelijker.
- Problemen lossen zichzelf meer op, wellicht omdat u meer ontspannen bent en beter naar alternatieven kunt kijken.
- U krijgt een positiever zelfbeeld en een optimistischer kijk op het leven dan voorheen.

Bij tai chi gaat het erom dat u zich zowel vanbinnen als vanbuiten goed voelt.

LOSLATEN

Al deze effecten ontstaan doordat u kunt 'loslaten'. Het gevoel leeg te zijn en alles te laten gaan, is beslist geen negatieve toestand. Tai chi en de bijbehorende filosofie, het taoïsme, dringen er voortdurend bij ons op aan om los te laten. Dat is belangrijk. Als ons hoofd steeds maar vol met zelfzuchtige gedachten en wensen, vooroordelen en tweedehands meningen blijft zitten, hebben we nooit de ruimte om positieve dingen in ons leven binnen te laten. Tai chi kan u helpen al die overtollige negatieve bagage kwijt te raken en plaats te maken voor ontwikkeling en verandering.

aan de slag

Waar en wanneer

In dit hoofdstuk vindt u een aantal procedures en tips waarmee u makkelijker vorderingen zult maken in uw tai chi-beoefening. We beginnen met de bespreking van de tai chi-beoefening zelf. Lees onderstaande aanwijzingen eerst rustig door voor u achter elkaar de bewegingen afwerkt, en pak de tekst er ook af en toe weer eens bij. Het zijn belangrijke punten die het verschil tussen een geslaagde en een mislukte tai chi-beoefening kunnen uitmaken.

Het allerbelangrijkste dat een leermeester zijn leerling kan leren is het belang van oefenen, regelmatig oefenen. Zonder deze toewijding kunt u tai chi niet leren en zult u wat u heeft geleerd zo weer vergeten zijn. Dit geldt zowel voor wie net met tai chi begint als voor mensen die al jaren bezig zijn. Er bestaat geen snelcursus tai chi met dezelfde positieve effecten. Als u niet regelmatig blijft oefenen, zal al uw moeite voor niets zijn geweest.

BELANGRIJK!

Zoals de meeste dingen die de moeite waard zijn, kost het tijd om tai chi onder de knie te krijgen. De grootste obstakels waar u daarbij tegenaan loopt, zitten in uzelf. Als u de twijfels die u heeft, uw luiheid en cynisme kunt verslaan, zal dat een buitengewoon waardevolle en grote overwinning op uzelf zijn.

WANNEER OEFENEN

Traditioneel wordt de vroege ochtend gezien als het beste moment om te oefenen; de energieën van licht en donker (yang en yin) verkeren dan in harmonie. Voor mensen met een drukke en onregelmatige levensstijl is dit echter vaak niet mogelijk.

Probeer een dagelijks ritme te vinden dat past bij uw omstandigheden. Idealiter voert u uw serie bewegingen elke dag minstens één keer uit. Dat lukt vaak het best als u daar een vast moment voor kiest, maar als dat een keer niet lukt, kiest u een ander moment.

Streef er in de eerste maanden naar elke dag één beweging te leren en spreek met uzelf af dat u niet gaat slapen voor u deze beweging volledig onder de knie heeft. Zo breidt u uw repertoire steeds uit, tot u ten slotte, als u geduldig bent en niet te hard van stapel loopt, de hele serie beheerst. Dan kunt u de bewegingen ontspannen uitvoeren en komen de effecten vanzelf. Het is de moeite meer dan waard.

WAAR OEFENEN

Dit zal per persoon verschillen en hangt erg af van uw omstandigheden, maar let bij het kiezen van een plek altijd op de volgende punten:

- **Een schone, opgeruimde ruimte is essentieel.** Om de serie van begin tot eind goed uit te kunnen voeren heeft u een ruimte van minimaal 3 x 2 meter nodig, en nog iets groter als u lang bent.

- **Frisse lucht is belangrijk – doe uw oefeningen het liefst in de buitenlucht.** Ga naar buiten zodra u zich zeker voelt over en vertrouwd bent met de bewegingen. Zorg als u binnen blijft in elk geval voor een goed geventileerde ruimte. Traditioneel worden plaatsen met veel natuurlijke energie als de beste plekken beschouwd – onder de bomen of bij stromend water – maar elke plek buiten is beter dan binnen. Vermijd in elk geval plekken met veel luchtvervuiling.
- **Probeer altijd kalm aan uw tai chi-sessies te beginnen.** Zorg voor niet-knellende, comfortabele kleding van natuurlijke stoffen, zoals wol, katoen of zijde. Bescherm uw onderrug en hals tegen kou en zorg dat tocht en vocht er geen vat op kunnen krijgen. Streef ernaar elke keer minstens tien minuten aan het werk te gaan.

U kunt tai chi op elk moment van de dag beoefenen, zelfs tijdens uw lunchpauze.

- **Zorg voor comfortabel schoeisel, het liefst zonder hak.** Als u in de buitenlucht oefent, heeft u ook waterdichte schoenen nodig. Kou en vocht kunnen het lichaam via de voeten binnenkomen, waardoor u ziek kunt worden, dus houd uw voeten warm en droog. Op nauwsluitende schoenen blijft u beter in balans dan op wijde sandalen of slippers.
- **Kies een plek waarop u niet gestoord wordt.** Dat is niet altijd makkelijk als u met anderen samenleeft. Wees gewoon eerlijk over uw tai chi-beoefening en leg eventueel uit waarom u aan tai chi doet. Uw gezinsleden of huisgenoten zullen misschien eerst wat sceptisch zijn, maar ze gaan u vanzelf meer steunen als ze merken wat voor positieve effecten tai chi op u heeft.

Houding en stand

Laten we nu eens gaan kijken naar de kenmerken van tai chi-bewegingen, die deze oefenvorm zo anders maken dan de meeste andere. Deze bewegingen hebben alles te maken met de houding en stand van het lichaam; het lichaam en de ledematen moeten zich in de juiste positie en in de juiste verhouding ten opzichte van elkaar bevinden. Om de positieve effecten van tai chi te kunnen ervaren is het belangrijk dat u deze essentiële aspecten begrijpt.

Probeer de details in de rest van dit hoofdstuk goed in u op te nemen, daar heeft u tijdens het leerproces een hoop profijt van. En als u straks het gevoel heeft dat het niet helemaal goed gaat of als u zich niet prettig voelt bij bepaalde bewegingen, pak deze pagina's er dan nog weer eens bij. Misschien blijkt dan wel dat u iets verkeerd begrepen heeft of dat er iets niet helemaal klopt aan uw houding of stand.

KNIEËN

Wie tai chi beoefent, houdt het zwaartepunt opzettelijk laag in een wat sluipende, bijna katachtige houding. Voor deze houding moet u uw knieën de hele tijd bewust sterk gebogen houden. Door te oefenen krijgt u vanzelf soepeler pezen in de heupen, knieën en binnenkant van uw dijen, waardoor u deze laaghangende pose de hele serie vol kunt houden, wat in de praktijk meestal op zo'n acht minuten neerkomt.

Deze lage stand vergroot de aërobe eigenschappen van tai chi, die daardoor het effect krijgt van serieuze fitnesstraining. De bewegingen worden weliswaar langzaam uitgevoerd, maar de lage houding zorgt voor een perfecte training. Strek uw benen dus nooit volledig en zet al helemaal nooit uw knieën 'op slot'. Dit geldt uiteraard niet als u op leeftijd bent of stijve benen heeft. In dat geval kunt u de bewegingen prima rechtop, met gestrekt lichaam uitvoeren. Na verloop van tijd worden uw knieën soepeler en zult u iets lager kunnen gaan 'zitten'.

Als u in een naar voren gerichte positie staat, met uw gewicht grotendeels op uw voorste been, let er dan op dat uw knie niet voor uw tenen uitsteekt. Op

Knieën juist

de foto ziet u wat de juiste positie is. Als u uw knie te veel naar voren houdt, raakt u heel snel uit balans. Onthoud maar dat als u omlaag kijkt naar uw voorste knie en verder naar de voet eronder, u alleen het puntje van uw tenen mag zien als u uw gewicht naar voren brengt. Ga niet verder dan dat.

ELLEBOGEN

Net als uw knieën moeten ook uw ellebogen de hele tijd gebogen zijn. Strek uw armen nooit volledig en zet uw ellebogen nooit 'op slot'. Dat lukt namelijk alleen als u uw spieren aanspant, wat de energiestroom door uw armen zou belemmeren. Houd uw ellebogen en polsen ontspannen, met een kleine knik erin, maar voorkom dat ze zo gebogen zijn dat er scherpe hoeken ontstaan. Ook die zouden de energiestroom tegenhouden.

Met andere woorden, probeer een houding daartussenin te vinden waarbij u uw armen, ellebogen, polsen en handen op een prettige manier gebogen houdt met een minimum aan spierspanning.

SCHOUDERS

Bij tai chi zijn ontspannen schouders essentieel – eigenlijk geldt dat voor alles. Voor veel mensen is dit moeilijk, maar het is wel belangrijk, want een gespannen nek en gespannen schouders belemmeren de toevoer van energie, bloed en zuurstof naar de hersenen en hebben een negatief effect op de ademhaling.

Dus laten hangen die schouders. Maak uw nek lang en adem gemakkelijk in en uit. Maak, tot slot, wat ruimte onder uw oksels door uw armen en ellebogen van uw lichaam af te houden.

RUGGENWERVEL

Een ander opvallend kenmerk in de juiste houding bij tai chi is de rechte rug. De ruggenwervel wordt tijdens de hele serie zo rechtop mogelijk gehouden. Dit krijgt u niet voor elkaar door een stijve, zware spanning op te bouwen of door uw schouders aan te trekken en uw buik in te houden alsof u in het leger zit. U moet er juist het tegenovergestelde voor doen: recht uw rug simpelweg door uw schouders te ontspannen en uw bekken licht te kantelen. Trek uw kin licht in om uw nek lang te maken en uw ruggenwervel vertoont een rechte maar ontspannen lijn.

Beschouw uw ruggenwervel als een loodlijn. In klassieke teksten over tai chi wordt deze soms aangeduid als een 'gouden draad die vanuit de hemel omlaag hangt'. Zie uw ruggenwervel als die draad, zodat uw lichaam altijd rechtop blijft, welke beweging u ook maakt.

Ellebogen juist

Schouders juist

Ruggenwervel juist

Geworteld blijven

Veel mensen hebben wat moeite met het begrip 'wortelen', maar het is een integraal onderdeel van tai chi. Wortelen heeft deels te maken met een belangrijk energieveld in de voetzool. Dit is een essentieel acupunctuurpunt met het vermogen energie neerwaarts te laten stromen, waarmee we een manier kunnen ontdekken en ontwikkelen waarop we via de voeten in verbinding komen te staan met de energie van de aarde.

Buig uw knieën en zak omlaag. Stel u voor dat er wortels door uw benen de grond in lopen – grote, elastische wortels waarmee u wel kunt stappen, maar die u de hele tijd stevig in balans houden. U voelt de eerste keer dat u dit probeert waarschijnlijk niets spectaculairs, en soms na een flinke tijd nog steeds niet. Maar ze zijn er echt, en de meeste fanatieke tai chi-beoefenaars gaan na verloop van tijd begrijpen wat het inhoudt en hoe het voelt om geworteld te zijn. U heeft er ook iets aan als u danst of een andere sport beoefent waarbij balans en kracht komen kijken, of dat nu voetbal of skiën is.

Bewegen vanuit uw centrum

Als u voor het eerst een tai chi-demonstratie ziet, lijkt het of er heel druk wordt gedaan met de armen, maar in werkelijkheid komen die ogenschijnlijk ingewikkelde en brede cirkelbewegingen van de armen vanuit het draaiende middel.

Als u goed naar de foto's in dit boek kijkt, zult u ontdekken dat de armen hun uitgangspositie vlak voor de borst nauwelijks verlaten. Houd dat in uw achterhoofd als u de bewegingen gaat oefenen, zodat u niet het gevoel krijgt dat u allerlei brede, extravagante gebaren moet maken. Houd wat afstand tussen uw armen en uw lichaam en laat uw middel de rest doen. Wees u tijdens de bewegingen altijd bewust van uw centrum – de tan tien (zie blz. 14). Ontspan dit gebied als u inademt en beeld u in dat uw adem uw buik in zakt in plaats van naar uw longen te gaan. De lucht gaat natuurlijk naar uw longen, maar op deze manier creëert u een besef van waar uw vitale centrum zich bevindt.

Probeer daarnaast 'los' te 'laten' en uw bewuste gedachten kwijt te raken terwijl u de bewegingen uitvoert – daar hebben we wu wei weer (zie blz. 23). Na een tijdje zult u de geweldige effecten ervaren en zult u heel anders tegen tai chi aan gaan kijken.

Gebruik uw middel.
Hoewel het lijkt of de armen een flink stuk afleggen, is het eigenlijk het draaiende middel dat het werk doet.

Basishoudingen

Tai chi bestaat uit voortdurende, ononderbroken bewegingen en wordt daarom soms ook wel omschreven als een drijvende wolk of stromende rivier. Er zitten veel passen tussen de bewegingen, maar er zijn ook momenten dat uw voeten in dezelfde positie blijven staan – ook al verplaatst u uw gewicht van het ene been op het andere en zijn uw armen voortdurend in beweging.

Er zijn over het algemeen maar twee manieren waarop de voeten kunnen staan op die momenten: in brede houding of in smalle houding. Deze termen komen veelvuldig terug in dit boek, dus is het belangrijk dat u ze goed begrijpt.

BREDE HOUDINGEN

De meeste posities in tai chi-series zijn brede houdingen, ook wel '70/30-houdingen' genoemd, omdat het gewicht meestal in die verhouding is verdeeld: zeventig procent op de voorste voet en dertig procent op de achterste, of andersom.

Bij een brede houding staan de voeten op schouderbreedte afstand van elkaar, dat wil zeggen dat de afstand tussen de voeten in de breedte die tussen de uiteinden van de schouders is. Verwar dit niet met de lengte, want die kan afwijken. De ene voet staat voor de andere (de lengte), maar het gaat hier om de breedte.

Typische bewegingen met brede houding zijn Weer af (zie blz. 46) en Gescheiden handen en Stoot (zie blz. 50).

SMALLE HOUDINGEN

Er zijn veel posities waarbij het gewicht grotendeels op één zijde of zelfs op één been rust. De zijde met het meeste gewicht is altijd die van het achterste been, het 'substantiële' been. De voorste voet rust intussen met de hak of de tenen licht op de grond. Meestal ligt zo'n tien procent van het gewicht op die voorste voet, de overige negentig procent rust op het achterste, substantiële been. Hierbij wordt de stand smaller dan bij brede houdingen; de voorste voet wordt naar voren gezet, ongeveer op één lijn met de hiel van de achterste voet. De achterste voet wordt gewoonlijk in een flinke hoek naar buiten gedraaid, zodat het geheel een stevige, ondersteunende basis vormt. Typische bewegingen met deze smalle houding zijn De kraanvogel spreidt zijn vleugels (zie blz. 56) en Speel gitaar (zie blz. 54).

Typische positie van de voeten in een brede houding. De voeten staan op de tegenover elkaar gelegen hoeken van een vierkant, op schouderbreedte afstand van elkaar.

Brede houding

Typische positie van de voeten in een smalle houding. De voeten staan net als hierboven op de hoeken van een rechthoek, maar deze is hier veel smaller dan hierboven.

Smalle houding

Van houding veranderen en stappen

Tai chi bestaat uit beweging, uit de overgang van de ene houding in de andere, zo langzaam en sierlijk mogelijk. U mag niet vallend of struikelend in een beweging terechtkomen; probeer de bewegingen zo vloeiend mogelijk uit te voeren en uw voeten van begin tot eind stevig neer te zetten. Hiervoor is het zeer handig om te weten hoe u van houding moet veranderen en met een minimum aan inspanning van de ene in de andere beweging kunt stappen.

Controleer voor u ook maar een stap zet, of uw gewicht op het substantiële been rust. Dit is het been dat stil blijft staan en uw gewicht draagt. Til de andere voet – de 'lege' voet – langzaam op van de grond; controleer kort of u in balans bent en stap naar buiten. Onthoud dat u bij tai chi veel langzamer beweegt dan u gewend bent, en dat uw evenwicht dus essentieel is als u de stappen vloeiend wil zetten.

Na elke stap in een brede houding wordt de achterste voet in een nieuwe, comfortabeler positie gezet. Als u bijvoorbeeld met rechts 90 graden rond bent gestapt, staat uw linkervoet (waar uw gewicht op rust) nog steeds naar voren gericht in dezelfde positie, in een wat ongemakkelijke hoek. Aan het eind van de manoeuvre past u deze positie aan door op uw hak naar binnen te draaien. Een goed voorbeeld hiervan zien we vroeg in de serie in Grijp de staart van de vogel (zie blz. 47), waarbij aan het eind, wanneer het gewicht naar voren wordt gebracht, de achterste voet in een comfortabele positie draait.

Bij een stap in een smalle houding draait u vóór u stapt de voet bij die daarna de achterste voet wordt. Deze voet draagt na de stap het meeste gewicht en kan dan niet meer goed worden bijgedraaid. We zien hier een voorbeeld van op blz. 56, waarbij de rechtervoet op de hiel naar binnen wordt gedraaid voordat de smalle houding De kraanvogel spreidt zijn vleugels wordt gecreëerd. Het gewicht kan vervolgens zonder problemen op de rechtervoet komen terwijl de linkertenen de smalle houding inzetten.

Hier is de linkervoet op de hak bijgedraaid vanuit zijn vorige positie in een comfortabele stand. De tenen wijzen licht naar buiten.

Vormen en bewegingen van de hand

Tijdens een tia chi-serie zien we bepaalde handvormen steeds weer terugkomen. Deze vormen hebben elk hun eigen manier om de innerlijke energie vorm en richting te geven. Ze hebben ontelbare subtiele varianten, die samen de enorme hoeveelheid bewegingen vormen waaruit de tai chi-ervaring bestaat. Ze zijn makkelijker dan ze op het eerste gezicht lijken. Kijk maar eens naar onderstaande basisvormen.

HOUD DE BAL VAST
Voor deze vorm zijn beide handen nodig, alsof we een bal of ballon vasthouden. Het formaat van de bal kan variëren, maar meestal bevinden de handen zich elk aan een kant van de bal, bijvoorbeeld de linkerhand erbovenop en de rechterhand aan de onderkant. De handen zelf zijn licht gekromd, alsof ze op een rond oppervlak liggen. Zie ook blz. 45 en 88.

STOOT
Hierbij wordt de hand in een naar buiten duwende positie gehouden. Soms maken beide handen dezelfde stootbeweging, andere keren is het er slechts één. Zie ook blz. 57 en 131.

VLAKKE HAND
Hier wordt de hand vlak gehouden, met de vingers omhoog. Let erop dat u deze vorm niet met spierspanning uitvoert. Houd uw vingers ontspannen en zet ze niet 'op slot'. Zie ook blz. 48 en 79.

STRIJKENDE HAND
Deze vorm zien we bij bepaalde stapbewegingen, waarbij de hand figuurlijk van binnen naar buiten over de knie of dij 'strijkt'. De handpalm is omlaag gericht tijdens deze beweging en blijft op redelijke afstand van de knie als hij die passeert. Houd uw pols ontspannen, maar niet slap. Zie ook blz. 59 en 104.

Houd de bal vast

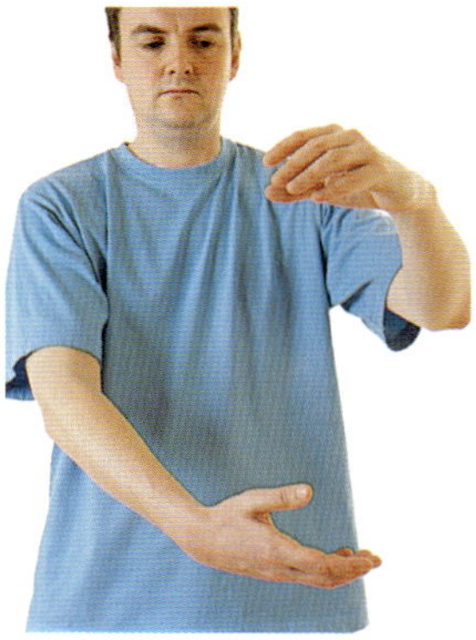

Stoot

Vlakke hand

Strijkende hand

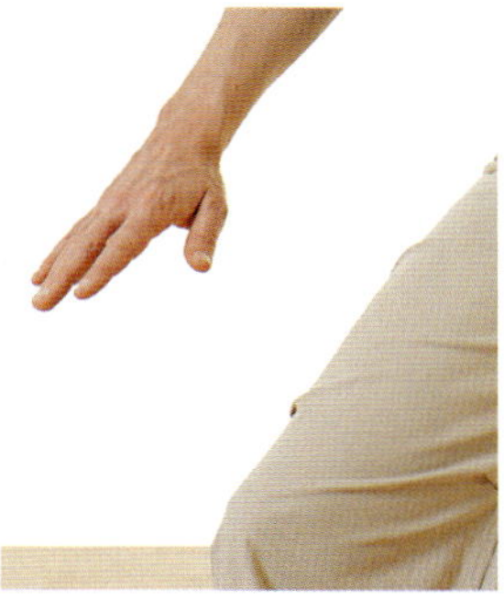

Warming-up

Op zich kunt u elke vorm van warming-up gebruiken die de spieren en gewrichten losmaakt, maar deze vormen zijn speciaal geschikt voor tai chi. Het zijn bijna allemaal zich herhalende bewegingen en ze zijn dus anders dan de echte tai chi-bewegingen. Wat ze echter daarmee gemeen hebben is dat ze tot doel hebben het lichaam open te stellen en blokkades en spanning in de spieren en gewrichten op te heffen, waardoor de energie beter kan stromen.

Probeer minstens 2-3 minuten aan warming-up te besteden voor u aan een tai chi-vorm begint. Op die manier kunt u het meeste effect uit de vorm zelf halen. Als u uw oefening buiten in de kou doet, is het extra belangrijk een goede warming-up te doen en kunt u er ook wat langer mee doorgaan.

1

2

3

OM DE AS DRAAIEN

Zet uw voeten een eindje uit elkaar, ga licht door uw knieën en laat uw armen losjes hangen. Draai uw bovenlichaam bij uw middel eerst de ene en dan de andere kant op. Laat uw armen ontspannen en slap als een lappenpop meezwaaien, zodat ze zich als het ware om uw middel winden. Houd uw knieën de hele tijd uit elkaar en voorkom dat ze bij het draaien van uw lichaam naar elkaar toe kruipen. Laat steeds flink wat ruimte vrij onder uw oksels. Probeer een ritme op te bouwen.

SCHOMMELEN

Schommel met gebogen knieën en ontspannen schouders rustig naar voren en naar achteren op uw voeten door afwisselend uw hakken en tenen omhoog te trekken (alsof u banaanvormige schoenen draagt). Laat uw armen bij deze beweging meezwaaien: voorwaarts en omhoog en dan achterwaarts. Laat uw armen naar voren zwaaien als u uw hakken optrekt en naar achteren als u uw tenen optrekt. Laat u niet ontmoedigen als het eerst niet lukt. Probeer een goed, regelmatig ritme in de beweging te krijgen en houd uw knieën gebogen. Zo blijft u in balans.

SCHOUDER ROLLEN

Controleer of u veel ruimte boven u en om u heen heeft. Zwaai een paar keer flink met uw armen om uw schouders los te maken. Zwaai vervolgens afwisselend met links en rechts, alsof u borstcrawl doet. Doe dit langzaam, met ontspannen, losse ellebogen. Verander dan de zwaairichting en maak opnieuw een afwisselende zwembeweging, maar deze keer is het rugcrawl. Schud uw armen tot slot stevig uit en laat het schudgevoel van uw handen naar uw schouders omhoog kruipen. Zorg voor voldoende ruimte om u heen, anders mept u van alles omver.

▷

POLSDRAAIINGEN

Strek uw armen voor u uit en laat uw polsen omlaag hangen, zodat uw vingers naar beneden wijzen. Draai uw handen langzaam rond, alsof u aan het roeren bent, rustig en zonder spanning. Doe dit minstens tien keer één kant op, en dan ongeveer even vaak de andere kant op. Schud uw handen daarna flink uit (alsof er aan elke vinger een kleverig snoeppapiertje hangt). Schud uw handen helemaal los. Herhaal de oefening indien nodig en schud uw handen opnieuw uit.

VOETDRAAIINGEN

Deze oefening is vergelijkbaar met de vorige, maar deze keer draait u uw voet. Trek één knie op zodat uw voet van de grond loskomt en draai uw enkel rond. De tenen wijzen daarbij de hele tijd naar de grond. Doe dit minstens tien keer één kant op, en dan ongeveer even vaak de andere kant op. In het begin kan het handig zijn u aan een stoel of muur vast te houden om niet uit balans te raken. Schud uw hele voet daarna flink uit om alle spanning uit de enkel weg te nemen. Zet uw voet langzaam neer, trek uw andere knie op en herhaal de oefening met uw andere voet. Draai deze in beide richtingen en schud hem daarna flink uit.

SQUAT

Zak voor deze oefening simpelweg in een lichte hurkzit met beide voeten op de grond en uw knieën bij elkaar. Ga in eerste instantie niet te diep, maar bouw het langzaam op. Gebruik eventueel een stoel ter ondersteuning. Dit is een uitstekende oefening om uw knieën los te maken. Als u eenmaal leniger en beter in balans bent, probeer de oefening dan eens met uw hakken aan de grond uit te voeren. Herhaal dit een paar keer en schud uw benen een voor een uit met een lichte schop- en schudbeweging om spanning weg te nemen.

REKOEFENING VOOR DE BENEN

Doe deze oefening rustig aan, vooral als u niet heel lenig bent, en ondersteun uw eigen gewicht nooit door met uw handen op uw dijbeen te leunen. Zet uw voeten zo ver uit elkaar als u prettig vindt en zak omlaag, eerst naar de ene kant en daarna naar de andere kant de binnenkant van uw benen te rekken. Probeer verschillende manieren uit om dit te doen, zodat u meerdere delen van uw been rekt. Forceer niet door te ver te zakken, maar doe deze oefening liever vaak en rustig, zodat u alles zonder al te veel spanning losmaakt.

Hoe gebruikt u dit boek?

De korte yang-vorm van tai chi, zoals die werd bedacht en doorgegeven door meester Chen Man Ching halverwege de vorige eeuw, wordt normaal gesproken in twee delen onderwezen, deel 1 en 2. Beide delen hebben hun eigen specifieke begin en eind. U kunt dit verschil in dit boek duidelijk zien, omdat we met verschillenden modellen werken – een man voor deel 1 en een vrouw voor deel 2.

Deel 1 is waar de meeste beginners mee bezig gaan; dit deel zorgt voor ongeveer twee minuten beweging. **Deel 2** is uitdagender en voegt er nog eens zes minuten aan toe. Binnen deze vorm bevindt zich nog weer een aparte korte serie, die enkele malen herhaald wordt en die we het 'koor' noemen. Daarnaast vinden er in de loop van de vorm veranderingen plaats in de bewegingen.

Maak u geen zorgen als u de hele vorm in minder dan acht minuten doorloopt. Het belangrijkste is dat u uw eigen natuurlijke ademhalingsritme aanhoudt, en ervan geniet.

Het moment is nu bijna aangebroken dat u de tai chi-serie gaat leren. Houd bij het volgen van de aanwijzingen in de rest van het boek de punten op blz. 39 in gedachten.

BEWEGINGSSOORTEN

Vroege bewegingen in de vorm zijn ervoor om uw balans te ontwikkelen en u zich bewust te laten worden van uw persoonlijke ruimte.

Smalle houdingen helpen u uw balans te verbeteren en zijn een uitstekende voorbereiding voor de schoppen die later volgen.

Diagonale stappen stimuleren u zichzelf meer in uw relatie met uw centrum te zien.

Achterwaarts en opzij stappen stimuleert u de ruimte achter u te gebruiken, een gebied dat u niet kunt zien en waar u zich gewoonlijk niet van bewust bent. Er hoort ook een aantal interessante zijwaartse bewegingen bij.

Neerwaartse en opwaartse bewegingen laten u zakken en weer omhooggaan en bevatten ook schoppen, die u stimuleren geworteld te blijven.

Draaiende bewegingen doen een beroep op uw vermogen om te draaien en te keren door middel van diagonale of cirkelbewegingen. Deze bewegingen laten u echt 'vliegen'; dit is tai chi op zijn best.

Het koor is een serie bewegingen die vier keer in een vorm voorkomen en u helpen bij het uit uw hoofd leren van de hele serie.

Afsluitende stappen maken een einde aan de serie met een zwierig gebaar dat alle reeds geleerde vaardigheden in zich draagt.

GEBRUIKMAKEN VAN HET GRONDRASTER

U zult zien dat er over sommige foto's in het instructiedeel dat hierna komt een raster van witte vierkanten op de grond is getekend. Dit is zeer handig om de positie van de voeten aan te geven. Soms moet voor een beweging de voorste voet bijvoorbeeld recht naar voren wijzen, terwijl de achterste voet in een hoek naar buiten wordt gedraaid; dit is dan duidelijk te zien met behulp van het raster.

De witte vierkanten verduidelijken ook de zo belangrijke afstand tussen de voeten en dat is vooral nuttig om de breedteafstand tussen de voeten tijdens brede houdingen te bepalen. De vierkanten zijn ongeveer 20 x 20 cm elk. Dat betekent dat twee vierkanten naast elkaar ongeveer net zo breed zijn als de schouderbreedte en dus de afstand tussen uw voeten weergeven in elke typische brede houding, afhankelijk van uw formaat en lengte. Als u lang bent moet u de vierkanten als iets groter beschouwen.

Het raster kan niet de afstanden tussen verschillende stappen in meerdere bewegingen laten zien – daarvoor zou het wel erg groot moeten zijn. Zoals we al eerder genoemd hebben, is het benodigde gebied voor de hele vorm 3 x 2 meter; een raster van die afmetingen zou een hele pagina in beslag nemen. Laat u dus niet in de verleiding brengen ze te vergelijken.

Als u bij de derde herhaling van het koor (zie blz. 107) bent aangekomen, zou u na een lange serie voorwaartse stappen in brede houdingen, alle in dezelfde richting, ruimtegebrek kunnen krijgen als u binnenshuis oefent. Probeer in plaats van echt naar voren wat meer opzij te stappen om ruimte te besparen. Als u later, wanneer u de serie onder de knie heeft, in de buitenlucht aan de slag gaat, kunt u de lange stappen weer uitvoeren als op de foto's.

GEWICHTSVERDELING

Op de foto's vindt u aanwijzingen van de verdeling van uw gewicht. Bij slechts één voet staat een aanwijzing, maar 'zeventig procent op de rechtervoet' betekent per definitie dat dertig procent van het gewicht op de linkervoet rust. Focus u hier niet te veel op: deze percentages zijn slechts richtlijnen. Het belangrijkste is dat u zich te allen tijde ontspannen en in balans voelt. Controleer of uw voeten op de juiste afstand van elkaar staan en dan komt de rest vanzelf.

ADEMHALING

Er worden ook richtlijnen gegeven voor hoe de bewegingen samen moeten vallen met uw ademhaling. Onthoud dat de tai chi-vorm is opgebouwd rond uw natuurlijke ademhalingsritme en dat dit ritme gedurende de hele vorm vlak en regelmatig moet blijven. Dwing uzelf nooit tot een ademhalingsritme waar u zich niet lekker bij voelt. Ga uit van uw eigen natuurlijke ritme, hoe snel of langzaam dit ook lijkt, en probeer dan de bewegingen rond dat ritme uit te voeren.

Als u de aanwijzingen en foto's volgt, zult u ontdekken dat er bijna altijd een hele ademhalingscyclus (in en uit) is voor elke beweging. Over het algemeen zijn twee foto's genoeg om elke cyclus uit te beelden: een voor het deel van de inademing en een voor het deel van de uitademing. Alleen bij bepaalde ingewikkelde bewegingen hebben we meerdere foto's gebruikt. Probeer, als dit het geval is, het ademhalingsritme constant te houden. Het feit dat er bijvoorbeeld twee foto's in plaats van een te zien zijn, wil niet zeggen dat de inademing langer duurt. Beschouw het als een muziekstuk, met een regelmatig ritme dat niet verandert. Dat geldt ook voor uw tai chi-vorm, waarvan uw ademhaling het ritme bepaalt. Voer de bewegingen rond dat ritme uit en zorg ervoor dat u zich er altijd lekker bij voelt.

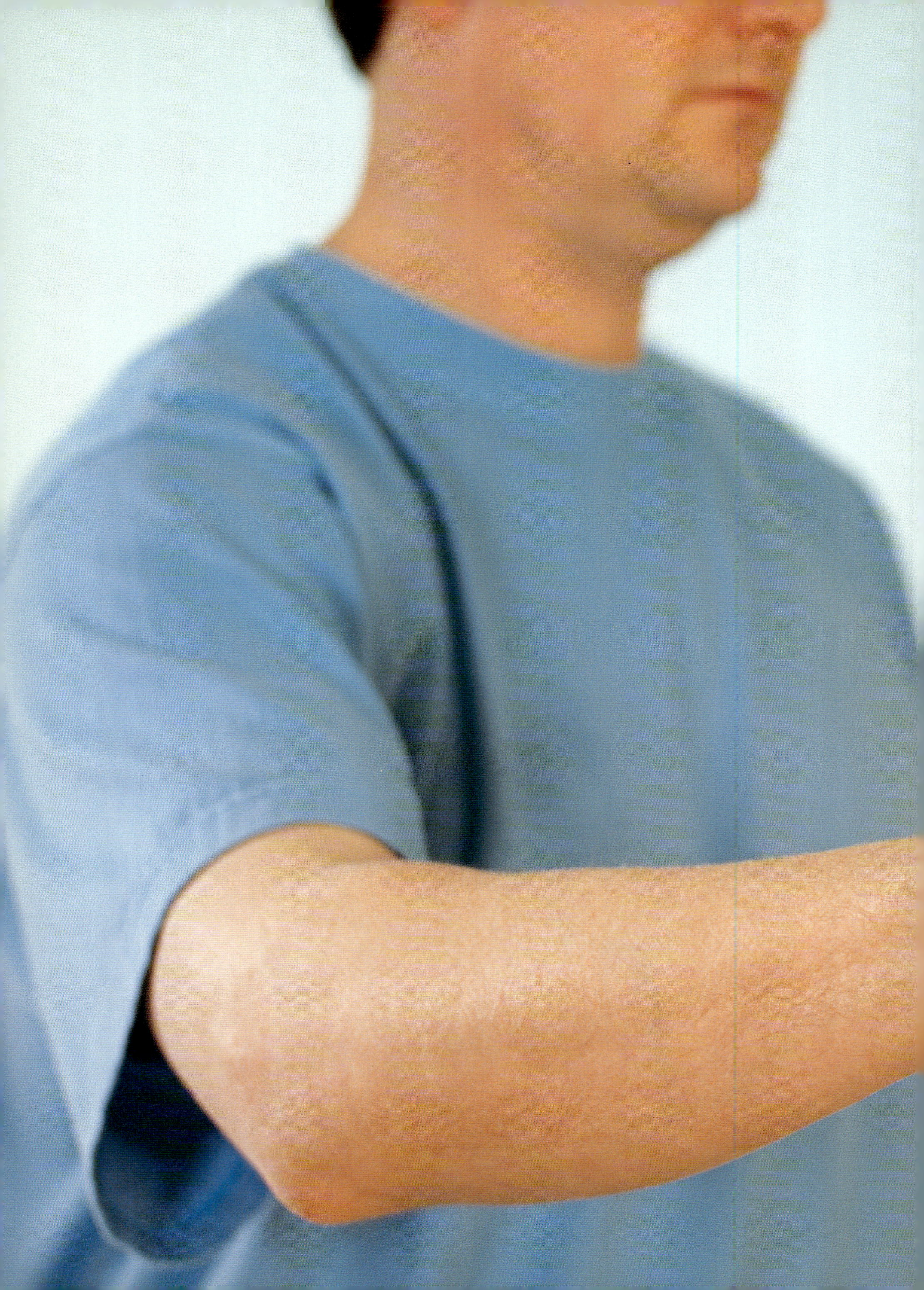

de korte yang-vorm

Deel 1

Voorbereiding

Het begin is belangrijk. U moet zich comfortabel en rustig voelen. Laat u een beetje zakken en buig uw knieën. Ontspan uw schouders. Dit is een bijzonder moment vol mogelijkheden, voordat de yin en yang worden verdeeld en in beweging gezet. Wacht op het juiste moment om te beginnen.

BEGIN Ga rechtop staan met uw voeten bij elkaar; de hakken raken elkaar niet.

1 Breng het grootste deel van uw gewicht op uw rechtervoet door uw linkerkant langzaam te 'legen'. Til uw linkervoet langzaam van de grond.

2 Breng uw linkervoet verder naar links en zet hem op schouderbreedte afstand van uw rechtervoet met de tenen naar voren. Draai uw rechtervoet zo bij dat ook de tenen van uw rechtervoet naar voren wijzen. Uw gewicht wordt zo gelijkmatig over beide voeten verdeeld. Uw voeten staan nu parallel aan elkaar.

Opening

Bij de Opening is uw gewicht gelijkmatig verdeeld over beide voeten, waardoor u een goed, regelmatig ritme in uw ademhaling kunt brengen. Sommige mensen vinden het prettig om meerdere keren te herademen tot ze kalm en geconcentreerd zijn. Laat uw armen langzaam en zonder spanning door de bewegingen 'drijven'.

POSITIEVE EFFECTEN

- **Het dagelijks langzaam uitvoeren van deze beweging helpt u uw nek en schouders te ontspannen.**
- **Het neemt tevens de spanning weg uit uw vingers en polsen.**
- **Tot slot stimuleert het u te werken aan een onbalans in uw heupen, schouders en ruggenwervel.**

BEGIN Ontspan en probeer alle innerlijke spanningen of negatieve gedachten los te laten. Neem hiervoor zoveel tijd als u nodig heeft.

1 Laat uw armen met ontspannen en losse polsen tot borsthoogte omhoog 'drijven'. Houd daarbij uw onderarmen parallel aan de grond en uw polsen ontspannen: uw vingers wijzen licht omlaag.

Houd uw schouders laag en ontspannen als u uw armen optilt

Inademen

50%

Zorg ervoor dat uw handpalmen niet uit zichzelf omhoog en naar voren gaan

Strek uw vingers niet volledig

Uit-ademen

50%

2 Laat uw polsen geleidelijk zakken zodat uw vingers recht naar voren komen te staan – til liever niet uw vingers zelf op. Kijk eens hoe langzaam u dit kunt doen zonder dat uw vingers gaan trillen of gespannen worden.

3 Houd ruimte tussen uw ellebogen en lichaam en trek uw ellebogen langzaam naar achteren. Houd uw schouders ontspannen en uw rug recht terwijl u dit doet. Leun niet achterover; alleen uw armen mogen bewegen.

POSITIEVE EFFECTEN

- **Dit voorbereidingsmoment zorgt voor een breekpunt tussen uw dagelijks leven en de tai chi-ervaring.**
- **Het helpt u de juiste lichaamshouding aan te nemen en volledig in balans te raken.**

4 Breng uw handen langzaam terug naar de zijkanten van uw lichaam, buig uw knieën enigszins als u zich laat zakken en adem uit. Het kan helpen u hierbij in te beelden dat u een bal onder water duwt (maar zonder spierspanning), waarbij uw handen een licht afgeronde vorm volgen.

Draai rechtsom

Hier maken we kennis met Houd de bal vast. Hoewel u zult merken dat het formaat van de bal van plek tot plek zal variëren, zal er gedurende de hele vorm een subtiele energieverbinding tussen de handpalmen aanwezig zijn. Hier is de bal behoorlijk groot.

POSITIEVE EFFECTEN

- **Deze eenvoudige serie zorgt voor dat eerste gevoel van coördinatie en een sierlijke beweging, die zo kenmerkend zijn voor tai chi. U zult zich realiseren wat een heerlijk gevoel u krijgt van deze bijzondere combinatie van oefening in slowmotion en ademhaling.**

BEGIN Leeg uw rechterzijde door uw gewicht op uw linkervoet over te brengen.

1 Til de tenen van uw rechtervoet omhoog en draai uw voet op de hiel naar rechts. Breng tegelijkertijd uw rechterarm omhoog en trek gelijktijdig uw linkerhandpalm een beetje op, alsof u een grote bal aan de onderkant ondersteunt. Laat uw rechterhandpalm boven op de bal rusten.

2 Zet uw rechtervoet helemaal plat op de grond en verplaats langzaam uw gewicht naar deze voet. Als u naar beneden kijkt, ziet u dat uw knie net voorbij het puntje van uw tenen gaat als u hem buigt. Als dit niet zo is, richt uw blik dan naar buiten en kijk over uw rechterhand, alsof u naar de horizon kijkt.

Weer af

Dit is de eerste brede 70/30-houding van de serie. De komende bladzijden overheersen de brede houdingen; houd uw voeten tijdens de stappen op schouderbreedte afstand van elkaar, ongeacht de lengteafstand tussen uw voeten.

POSITIEVE EFFECTEN

- Zoals bij alle brede houdingen zorgt deze beweging voor een stevige basis.
- Deze beweging verbetert uw balans en geeft u het typische 'geaarde' tai chi-gevoel, dat prettig is bij dansen en sporten en dat, als u wat ouder bent, voorkomt dat u valt.

BEGIN Breng uw gewicht over op uw rechterzijde. Trek daarbij de tenen van uw linkervoet licht in de richting van uw rechterhiel.

1 Til uw linkervoet een klein stukje van de grond, controleer uw balans en maak u klaar om naar buiten te stappen door uw gewicht op uw achterste voet te laten zakken. Tijdens Weer af 'aaien' uw handpalmen elkaar figuurlijk op een afstandje; wanneer de ene omhooggaat, gaat de andere omlaag. Bereid u hierop voor door uw rechterhand te openen, klaar om omlaag te aaien.

2 Stap met uw linkervoet naar buiten en buig uw linkerknie als uw gewicht naar voren zakt. Til tegelijkertijd uw linkeronderarm horizontaal op tot borsthoogte, met uw handpalm naar binnen, en laat uw rechterhand langs uw zij vallen, met de handpalm naar achteren. Uw centrum wijst nu weer naar voren, zoals aan het begin. Draai tot slot uw rechtervoet op uw hiel bij om de spanning van uw knie weg te nemen.

Grijp de staart van de vogel

Als u wel eens een professional een wedstrijdduif ziet vasthouden, zult u de vorm van de handen hier herkennen. Deze beweging markeert het begin van uw eerste koor (zie blz. 38-39), die overgaat in de Enkelvoudige zweep op blz. 51-53. Deze korte serie komt verscheidene keren terug, als een refrein in een muziekstuk.

POSITIEVE EFFECTEN

- **Deze bewegingen vergroten de spiertonus in uw middel.**
- **Ze stimuleren tevens de energiecentra in dat gebied, van waaruit alle bewegingen in elke lichamelijke activiteit efficiënter kunnen worden uitgevoerd.**

BEGIN Breng uw gewicht op uw linkerzijde. Trek daarbij de tenen van uw rechtervoet licht in de richting van uw linkerhiel.

1 Draai uw middel licht naar links en pak een denkbeeldige bal op, met uw linkerhand aan de bovenkant en uw rechterhand er ter ondersteuning onder. Neem het beeld van de 'bal' niet té letterlijk – het is slechts een uitgangspunt. Na een tijdje, als u vertrouwd bent met de bewegingen, laat u de bal voor wat hij is en hoeft u alleen nog maar aan energie te denken.

Uw middel draait licht tegen de klok in

Inademen

Houd uw armen gebogen en niet te ver naar voren

Uw knie staat boven uw tenen – zak niet te ver door

Uit-ademen

2 Draai uw middel nu met de klok mee en stap rechtsom in een brede houding; zet eerst uw hiel neer. Buig uw rechterknie om uw gewicht naar voren te verplaatsen en draai uw linkervoet op de hiel bij in een comfortabele positie. De 'bal' gaat met u mee, maar wordt kleiner: uw rechterarm wijst schuin omhoog en naar rechts en de vingers van uw linkerhand wijzen licht omhoog naar uw rechterhand. Uw handen bevinden zich op borsthoogte.

Trek terug en Duw

Deze twee bewegingen worden hier samen besproken, omdat ze in dezelfde ademhaling en dus in één yin en yang-ronde worden uitgevoerd. Uw middel speelt weer een belangrijke rol; eerst draait u met de klok mee, dan tegen de klok in en tot slot weer met de klok mee terug naar de beginpositie.

BEGIN Breng uw gewicht grotendeels op uw achterste been.

1 Draai uw handen licht als u uw linkerhandpalm op een afstandje langs uw rechteronderarm tot naast de elleboog laat glijden. Maak de hoek van uw rechterelleboog scherper, zodat uw onderarm bijna recht omhoog wijst. Draai uw middel bij dit alles met de klok mee; uw armen gaan enigszins mee naar rechts.

2 Draai uw middel tijdens dezelfde inademing tegen de klok in, trek uw linkerhand in een ronde beweging terug naar de linkerkant van het midden en laat uw rechteronderarm tot bijna horizontale positie zakken. Uw gewicht rust nu grotendeels op uw achterste been. Probeer een gevoel van contact op te roepen tussen uw handen, ook al zit er ruimte tussen. Blijf de rest van de beweging denken aan die energieverbinding.

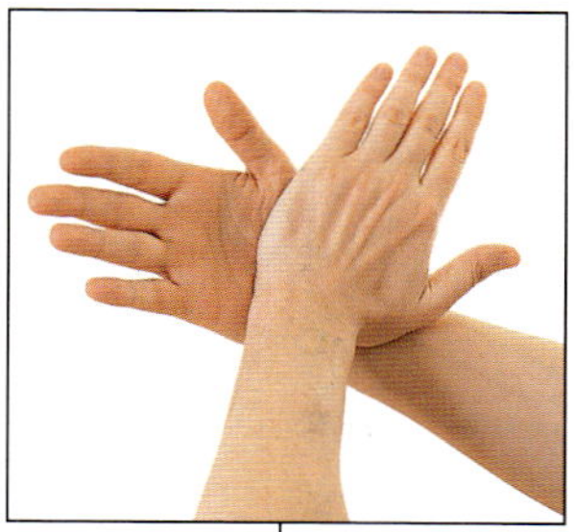

Houd uw handpalmen licht tegen elkaar op borsthoogte als u uw gewicht naar voren brengt

POSITIEVE EFFECTEN

- **In de oosterse geneeskunde is de bovenkant van de voet gerelateerd aan het spijsverteringsstelsel. Deze bewegingen helpen tegen een ingeperkte en stagnerende energiestroom in dat gebied, wat de spijsvertering ten goede komt.**
- **Duw bevordert tevens het gevoel van een energieverbinding tussen uw handen.**

Til uw handen niet te hoog op, dan kunt u uw schouders beter ontspannen

Houd ruimte tussen uw ellebogen en lichaam

3 Breng uw gewicht nogmaals op uw rechtervoet door uw middel met de klok mee te draaien. Uw handpalmen komen nu bij elkaar; uw linkerhandpalm is naar voren gericht. Buig uw rechterknie en breng tegelijkertijd uw linkerhandpalm, op borsthoogte voor u, heel licht in contact met de 'hiel' van uw rechterhandpalm.

Uitademen

Gescheiden handen en Stoot

De naam van deze beweging omschrijft precies wat er gebeurt. Zorg ervoor dat uw lichaam op geen enkel moment voorover- of achteroverleunt. Bij sommige tai chi-stijlen is het de bedoeling dat u in de beweging leunt, maar niet bij de korte yang-vorm; daarbij houdt u uw ruggenwervel de hele tijd rechtop.

POSITIEVE EFFECTEN

• Deze serie is heel goed voor uw Longenergie. De duimen spelen een grote rol: in de oosterse geneeskunde komt de energie van de Longen in de borst aan de oppervlakte en eindigt deze in de duimen.

BEGIN Laat de handpositie waarmee u was geëindigd los en draai uw handpalmen zo dat ze omlaag wijzen.

1 Breng uw handen met een 'zwembeweging' horizontaal naast elkaar, naar buiten en naar achteren, zodat uw duimen naar uw borst wijzen. Beeld u hierbij in dat er een verbinding is tussen uw ademhaling en uw duimen. Breng tegelijkertijd uw gewicht op uw achterste voet. Leun daarbij niet achterover. Als u het gevoel heeft dat dat gebeurt, laat u dan omlaag zakken.

2 Draai uw handen zo dat uw handpalmen naar buiten wijzen. Breng uw gewicht naar voren door uw rechterknie te buigen. De stoot komt vanuit uw handen en wordt ingezet doordat u uw knie buigt; u duwt uw armen dus niet naar voren. Leun niet met de stoot mee: denk aan uw interne loodlijn (zie blz. 29) en houd uw rug recht. Laat bij het uitademen alle spanning in uw borst mentaal los.

Vooraanzicht van de Stoot – uw armen zijn gebogen en uw ellebogen zijn goed los van uw lichaam

Enkelvoudige zweep

Dit is een belangrijke beweging die verscheidene malen wordt herhaald in de tai chi-vorm. De term 'zweep' komt van een golvende, zweepachtige beweging van de arm die veel wordt gebruikt in de traditionele lange vorm van tai chi. Hoewel deze in de korte vorm niet meer zo duidelijk is, is de naam gebleven.

BEGIN Breng uw gewicht grotendeels op uw achterste been en houd uw armen ontspannen.

1 Houd uw handen horizontaal met de palmen omlaag. Als u uw rechterbeen strekt, moet u het gevoel hebben dat u uw armen heel natuurlijk voor u uitsteekt. Zak wat in uw benen en ontspan in de beweging. Houd uw ellebogen de hele tijd licht gebogen.

2 Houd uw armen in dezelfde positie voor u en beweeg uw centrum langzaam tegen de klok in door op uw rechterhiel te draaien. De tenen van beide voeten komen licht naar binnen te staan, alsof uw voeten op twee zijden van een driehoek staan. Na het indraaien staan beide voeten plat op de grond en uw gewicht rust vooral op uw linkervoet.

3 Trek uw rechterhand dichter naar uw lichaam, waarbij de hoek van uw rechterelleboog scherper wordt. Draai uw middel met de klok mee en breng uw gewicht terug op uw rechterzijde. Vorm tegelijkertijd met uw linkerhand de 'snavel van een kraanvogel' door uw vingertoppen en uw duim samen te brengen. Beeld u in dat u wat zand oppakt – uw vingers en duim maken contact, maar blijven ontspannen.

De Snavel van de kraanvogel: ontspan uw pols en houd uw duim en wijsvinger tegen elkaar aan.

Inademen

Uw ogen volgen de Snavel van de kraanvogel, maar uw hoofd blijft naar voren wijzen

Uw gewicht blijft voornamelijk op uw rechtervoet, waardoor u vrij kunt draaien op de tenen van uw linkervoet

Uitademen

4 Als de vorige beweging voelde als het optrekken van een veer, dan laten we hier die veer weer los! Breng de Snavel van de kraanvogel naar buiten, net rechts van het midden, tot uw arm bijna gestrekt is. Draai op hetzelfde moment op de tenen van uw linkervoet en beweeg uw centrum tegen de klok in. Probeer uw kin op één lijn te houden met uw borstbeen en navel – alles moet gecentreerd zijn.

5 Verplaats uw hele gewicht naar uw rechtervoet en maak u klaar voor een stap linksom. Dit is een grote stap, dus zorg ervoor dat u goed in balans bent voor u uw linkervoet optilt. Het kan helpen de tenen van uw linkervoet een beetje in de richting van uw rechterhiel te trekken voor u uiteindelijk uitstapt. Houd uw linkerhand tegen die tijd dicht bij uw rechterheup met de palm omhoog.

POSITIEVE EFFECTEN

- **Deze oefening is buitengewoon goed voor de spiertonus in uw middel, en voor uw lenigheid en balans.**
- **De beweging zorgt voor ontspanning in uw polsen en ellebogen en stimuleert de pezen en banden van de knieën en enkels.**
- **Het rustige stimuleren en openen van de onderkant van uw rechterzijde helpt een ophoping van stagnerende Lever-chi voorkomen, die klachten van migraine tot premenstrueel syndroom kan veroorzaken.**

6 Stap linksom naar buiten, zet eerst uw hiel neer en buig uw linkerknie zodat uw gewicht wat naar voren komt. Til tijdens deze beweging uw linkerhand op en draai hem om; uw palm en vingers staan nu voor het linkerdeel van uw borst en wijzen recht naar voren. Uw elleboog is ontspannen. Houd uw rechterarm de hele tijd licht achter u naar buiten gestrekt, nog steeds in de positie van de Snavel van de kraanvogel. Draai uw achterste voet aan het eind bij zodat u weer comfortabel staat.

Speel gitaar

De tai chi-serie gaat verder met een beweging waarbij u voor het eerst in een smalle houding komt te staan. Zoals u heeft gezien op blz. 31 rust uw gewicht daarbij vooral op het achterste been en maakt uw voorste voet slechts licht contact met de grond. Smalle houdingen zijn ideaal om uw balans te leren verbeteren.

POSITIEVE EFFECTEN

- **Met deze smalle houding verbetert u uw balans, waardoor u innerlijk meer in evenwicht komt en u zich beter kunt concentreren.**
- **De beweging brengt de energie van twee belangrijke acupunten samen, in de handpalm en de pols, die zeer kalmerend werken.**

BEGIN Laat de Snavel van de kraanvogel in uw rechterhand los. Zet uw linkervoet enigszins bij door op uw hiel naar binnen te draaien – niet te ver, maar genoeg om de spanning van uw linkerbeen te halen.

1 Til uw rechterhiel op en draai op uw tenen. Spreid uw armen een beetje, zoals een vogel die zijn vleugels uitslaat. Verplaats tegelijkertijd uw hele gewicht naar uw linkervoet en draai uw middel 90 graden naar rechts.

Inademen

Uw achterste voet staat al in een comfortabele hoek

Probeer een energieverbinding tussen uw armen te voelen als u ze bij elkaar brengt

Houd uw ellebogen lager dan uw polsen

Uitademen

2 Laat uw rechterhiel schuin oversteken en zet hem neer in een smalle houding Houd uw heupen en schouders recht naar voren. Breng uw armen langzaam dichter bij uw centrum; houd uw rechterarm op borsthoogte naar voren uitgestoken en uw linkerhandpalm, wat dichter bij uw lichaam, gericht op uw rechteronderarm.

Trek en Stap met schouder

Dit is een bijzondere tai chi-beweging, omdat het lichaam aan het eind in een andere positie staat gedraaid dan de voorste voet. Meestal staan uw centrum (navel), heupen en kin netjes in de richting van de voorste voet. Hier zien we echter een subtiele draai aan het eind van de beweging.

POSITIEVE EFFECTEN

- **Deze beweging vergroot de souplesse en kracht in uw knieën en enkels.**
- **U leert stevig te blijven staan zonder uw knieën naar binnen te laten zakken.**

BEGIN Laat de Speel gitaar-vorm in uw armen los en verplaats al uw gewicht naar uw achterste voet.

1 Laat uw armen met een trekkende beweging zakken. Haal uw linkerhand een beetje naar achteren, ter hoogte van uw middel en links van het midden. Laat uw rechterarm intussen bijna verticaal langs het midden van uw lichaam zakken met de vingers omlaag. Draai tegelijkertijd uw middel een beetje tegen de klok in, trek de tenen van uw rechtervoet in en zet ze vlak voor uw linkerhiel.

2 Stap met rechts naar voren in een brede houding. Zet eerst uw hiel neer en buig dan uw knie. Houd uw middel de hele tijd tegen de klok in gedraaid, zodat uw rechterschouder naar voren wijst. Uw rechterarm blijft ongeveer waar hij net was, en uw linkerhand komt ter hoogte van uw middel, met de palm licht naar voren. Er blijft een energieverbinding bestaan tussen uw linkerhand en rechteronderarm.

De kraanvogel spreidt zijn vleugels

De kraanvogel neemt een bijzondere positie in in de oosterse cultuur en filosofie. Hij staat voor kracht en gratie. Deze twee eigenschappen vormen een geweldige combinatie, dé uitdaging voor iedereen die tai chi aan het leren is. In deze elegante beweging rust het hele gewicht op de rechtervoet.

POSITIEVE EFFECTEN

- **Door de rechte positie van de ruggenwervel wordt het centrale zenuwstelsel gestimuleerd.**
- **Deze beweging lijkt op de chi kung-houdingen die bevorderlijk zijn voor de spijsverteringsenergie.**

BEGIN Draai licht op uw rechterhiel om uw voet bij te zetten.

1 Houd uw gewicht op uw rechtervoet, draai uw centrum tegen de klok in en stap in een smalle houding met uw linkervoet, die u op één lijn zet met uw rechterhiel. Laat intussen uw linkerhand zakken tot net boven uw linkerdij en til uw rechterhand, met de palm naar buiten en wat omhoog, op tot voorhoofdhoogte, zodat uw armen lijken op grote vleugels. Het is alsof u met uw rechterhand uw ogen tegen de zon beschermt.

2 Houd nu uw voeten in dezelfde stand en wissel de vleugels van positie. Breng uw rechterarm omlaag tot heuphoogte en til gelijktijdig uw linkerhand op, zodat deze voor uw centrum langs zwaait. Beweeg uw armen in sierlijke rondingen – in plaats van ze als een gigantisch wiel rond te draaien – zodat u die subtiele energieverbinding tussen uw handpalmen kunt handhaven. Richt uw energie op uw rechterarm, vooral op de pinkkant van uw arm, en breng deze langzaam weer omlaag.

Strijk knie en Stoot

Zoals bij veel tai chi-bewegingen moet u deze naam niet te letterlijk nemen. U 'strijkt' uw knie niet echt, maar wrijft er op een afstandje langs met uw handpalm. Het geheel is een natuurlijk vervolg op de wijde cirkelbewegingen van de vleugels van de kraanvogel, met veel ruimte tussen uw armen en lichaam.

POSITIEVE EFFECTEN

- **Deze beweging vergroot uw behendigheid en coördinatie, want in het begin is het moeilijk om uw handen tegelijk maar in tegengestelde richtingen te bewegen.**
- **De beweging stimuleert tevens de energie van het bovenlichaam, vooral die van de Longen en het Lymfvatenstelsel.**

BEGIN Draai uw middel met de klok mee.

1 Laat uw 'rechtervleugel' terugcirkelen, rechts van het midden en met uw handpalm omhoog. Draai gelijktijdig uw linkerhand omhoog, voor uw centrum langs. Als u zou moeten uittekenen hoe uw linkerhand van de vorige in deze beweging zou lopen, zou u een verticale cirkel voor u en met de klok mee weergeven.

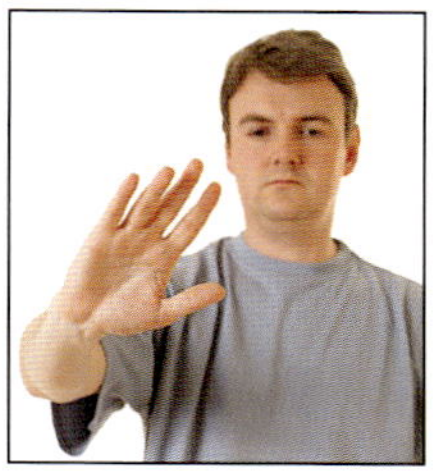

Uw rechterhandpalm bevindt zich bijna in het midden en staat grofweg op één lijn met de rechterkant van uw borst. Houd hem niet te ver naar buiten

2 Zet met uw linkervoet een stap zijwaarts en licht voorwaarts, uit de smalle houding en in een brede houding. Uw linkerknie staat boven uw tenen en uw gewicht verschuift naar voren. 'Strijk' tijdens de stap met uw linkerhandpalm van rechts naar links over uw linkerknie. Stoot tot slot uw rechterhandpalm op borsthoogte naar voren.

Speel gitaar, links

We gaan hier een beweging herhalen die u al heeft geleerd – Speel gitaar (zie blz. 54). Het gaat om dezelfde beweging, maar dan aan de andere kant uitgevoerd, met de linkervoet voor. U gebruikt uw handen ook andersom. We gaan ook voor het eerst kijken naar de tai chi-techniek van het achterwaarts stappen.

POSITIEVE EFFECTEN

- **Met deze smalle houding verbetert u uw balans, waardoor u innerlijk meer in evenwicht komt en u zich beter kunt concentreren.**
- **De beweging brengt de energie van twee belangrijke acupunten samen, in de handpalm en de pols.**

BEGIN Breng uw hele gewicht op uw linkervoet en laat uw achterste voet loskomen van de grond.

1 Ontspan uw handen en breng uw rechtervoet los van de grond naar voren – als een voetballer die met de binnenkant van zijn voet tegen de bal schopt. Dit is de eerste keer dat u één voet langere tijd los van de grond heeft en het is dan ook een uitstekende manier om uw balans te testen. De beweging wordt langzaam uitgevoerd en duurt een hele inademing lang.

Laat de tenen van uw rechtervoet naar buiten wijzen en houd uw voetzool parallel aan de grond

In-ademen

Zoek naar de energie tussen uw rechterhandpalm en uw linkeronderarm

Houd uw ellebogen lager dan uw polsen

Laat uw gewicht echt in uw rechterbeen zakken als u naar achteren gaat

Uitademen

2 Zet uw rechtervoet weer achter uw linkervoet neer in een bijna schommelende beweging. Zet uw tenen eerst op de grond. Haal uw gewicht van uw linkervoet, trek uw linkerhiel schuin naar achteren en zet hem voor uw rechtervoet in een smalle houding. Beweeg uw armen tegelijkertijd in de typische Speel gitaar-configuratie, maar deze keer met uw linkerarm uitgestoken voor u en de palm van uw rechterhand in de richting van uw linkeronderarm.

Strijk knie en Stoot

Dit is opnieuw een herhaling van een beweging die u al heeft geleerd, maar er is één verschil: u begint deze keer vanuit een smalle hielhouding (Speel gitaar), terwijl u de vorige keer vanuit een smalle teenhouding begon (De kraanvogel spreidt zijn vleugels, zie blz. 56).

POSITIEVE EFFECTEN

- **Naast de effecten genoemd op blz. 57 biedt een stoot u de kans om al uw energie op uw handen te richten, waardoor u vaardiger wordt in elke sport of andere praktische toepassing.**

BEGIN Laat de Speel gitaar-vorm in uw armen los en draai uw middel met de klok mee.

1 Trek uw rechterhandpalm zijwaarts achter uw lichaam, net als bij de beweging op blz. 57. Houd uw blik op uw handpalm terwijl deze naar achteren gaat, maar draai uw hoofd daarbij zo weinig mogelijk. Houd uw kin het liefst op één lijn met uw borstbeen en navel. Beeld u in dat u iets concreets in uw hand houdt dat u rechtop houdt, dus met uw handpalm omhoog.

Houd veel ruimte onder uw oksels en tussen uw ellebogen en uw lichaam

Inademen

Houd wat energie in uw linkerhand – laat hem niet hangen of naar achteren glijden

Uitademen

2 Draai uw middel terug, tegen de klok in, en stap ver zijwaarts en licht naar voren uit met uw linkervoet. 'Strijk' uw linkerknie met de palm van uw linkerhand (zie blz. 57), draai uw rechterhandpalm en stoot hem recht naar voren, terwijl u uw linkerknie buigt en uw gewicht naar voren verplaatst. Richt uw blik naar voren, alsof u naar de horizon kijkt.

Stap naar voren, Buig af en Stomp

Nu volgt een lange serie met voorwaartse stap die ons door de stomp aan het eind doet denken aan de gevechtsoorsprong van tai chi. Dit is echter geen reden om opeens uw snelheid te verhogen en uw spieren aan te spannen. Beschouw uw vuist als het symbool van uw eigen wil en vastberadenheid, niet van enige soort agressie.

POSITIEVE EFFECTEN

- **Het belangrijkste effect is dat u rust en zelfbeheersing ontwikkelt door een gelijkmatige cadans aan te houden en de stomp niet gehaast uit te voeren.**

BEGIN Breng uw gewicht naar achteren op uw rechterbeen en vorm met uw rechterhand een ontspannen vuist.

1 Til de tenen van uw linkervoet van de grond en draai op uw hiel tot uw voet naar buiten staat. Laat op hetzelfde moment uw rechterhand, met de losse vuist, voor u langs omlaag glijden, tot op heuphoogte, links van het midden. Strek ondertussen uw linkerarm iets meer zodat uw vingers omlaag wijzen, parallel aan maar niet in contact met uw linkerdij.

2 Zet uw linkervoet plat neer, stap met uw rechtervoet naar achteren en zet hem neer met uw tenen naar buiten. Laat uw rechterhand, nog steeds in een ontspannen vuist, tijdens de stap voor u langs en omlaag gaan tot net boven uw rechterheup. Draai uw vuist daarbij zodat uw knokkels naar de grond wijzen. Uw linkerhandpalm volgt deze beweging enigszins om bij uw centrum uit te komen.

3 Til uw linkervoet van de grond en maak u klaar om recht naar voren te stappen door uw tenen licht in de richting van uw rechterhiel te trekken. Draai uw middel licht met de klok mee als u uw rechterhand naar achteren trekt, nog steeds met de knokkels omlaag. Til tegelijkertijd langzaam uw linkerarm voor uw centrum op tot bijna verticale positie. Dit is ter voorbereiding op de laatste bewegingen – Buig af en Stomp.

4 Stap met uw linkervoet naar voren en buig uw knie terwijl u uw gewicht naar voren brengt. Breng gelijktijdig uw linkerarm naar links, bij uw centrum vandaan, en stoot uw rechterarm naar voren, de Stomp. Doe dit simpelweg door uw rechterarm te strekken. Uw rechterhand draait onderweg, zodat u met uw duim bovenaan uitkomt. Het kan helpen bij het leren van de stappen van deze oefening om hardop te tellen: een, twee, drie, en dan eindigen met de stomp.

Laat arm los en Stoot

Dit deel van de serie is heel goed om soepele polsen en ellebogen te krijgen. Het duurt even voor u het onder de knie heeft, maar het is zeker de moeite waard. Het zal u verbazen hoeveel in deze beweging voortkomt uit het draaien van uw middel, eerst licht tegen de klok in en dan terug naar het midden.

BEGIN Ontspan uw armen en draai uw middel licht tegen de klok in.

1 Breng uw rechterhand, nog steeds in vuist, in een positie links van het midden. Uw linkeronderarm blijft min of meer horizontaal. Laat uw linkerhand onder uw rechteronderarm en nog verder glijden, met uw vingers naar voren en uw handpalm omlaag.

2 Laat uw vuist los en draai beide handen zo dat uw handpalmen omhoog wijzen. Breng uw gewicht naar achteren en draai uw middel met de klok mee. Trek gelijktijdig uw rechterhand terug langs uw linkeronderarm. Het lijkt of u uw rechterarm losmaakt van uw linkerarm, maar in werkelijkheid komt deze breedmakende beweging voort uit het draaien van uw middel en het verplaatsen van uw gewicht naar uw achterste been.

3 Bereid de stoot voor door beide handpalmen zo te draaien dat ze naar voren wijzen en uw middel terug naar het midden te draaien, zodat het recht naar voren staat. De stoot waarmee we deze beweging afsluiten, is te vergelijken met die op blz. 50, met het verschil dat u hier uw linkervoet naar voren zet en niet uw rechtervoet. Breng uw gewicht terug op uw linkervoet door uw knie te buigen en maak de stootbeweging met uw handen.

POSITIEVE EFFECTEN

- **Polsdraaiingen beginnen bij de elleboog, dus deze beweging bevordert de kracht en souplesse van dit gewricht en voorkomt problemen als een 'tenniselleboog'.**
- **Deze complexe beweging vergroot tevens uw behendigheid en coördinatie.**

Uitademen

Draai en Sluit deel 1 af

De korte yang-vorm bestaat van oudsher uit twee delen. U bent nu aan het eind van deel 1 aangekomen en heeft twee minuten aan tai chi-bewegingen geleerd – dat is niet niks. U kunt zelfs al profijt hebben van tai chi als u bij deel 1 blijft en dat verscheidene malen herhaalt, zodat u een minuut of tien actief bezig bent.

POSITIEVE EFFECTEN

- Met deze beweging traint en stimuleert u de spieren en banden van uw schouders.
- De oefening zorgt voor verdere beweging in de gebieden van vitaal lymfatisch weefsel in de hals, borst en oksels.
- Deze afsluitende beweging werkt zeer ontspannend – adem kalm en diep om die bijzondere innerlijke rust te vinden.

BEGIN Breng het grootste deel van uw gewicht op uw rechterbeen.

1 Ontspan uw handen en draai langzaam op uw linkerhiel, zodat uw middel met de klok mee draait, waarna u weer teruggaat naar uw openingspositie. Houd uw handen eerst zo dat het lijkt of u ze warmt aan het vuur, met de palmen naar voren en schuin omlaag; til ze een beetje op en haal ze wat bij elkaar vandaan als u draait.

Inademen

2 Breng uw gewicht terug op uw linkerzijde en draai uw lichaam 90 graden met de klok mee. Breng uw handen steeds verder bij elkaar vandaan, in een steeds wijdere boog die tot slot een hele cirkel vormt. Til vervolgens uw rechterhiel op en trek uw rechtervoet naar achteren, zodat deze parallel aan uw linkervoet komt te staan.

3 Uw handen gaan verder in de cirkelbeweging, omlaag en weer naar binnen, tot ze weer bij elkaar komen (zonder elkaar te raken) voor uw onderbuik. Breng de helft van uw gewicht nu op uw rechterzijde, in een zeldzame 50/50-houding, dezelfde als waarmee u begonnen bent (zie blz. 42). Houd uw handpalmen naar binnen, met ontspannen vingers.

4 Breng bij de volgende inademing uw handen tegelijk omhoog, voor uw centrum langs, tot ze elkaar kruisen. Laat uw linkerpols op kinhoogte heel even licht rusten op uw rechterpols. Uw linkeronderarm bevindt zich dichter bij uw lichaam dan uw rechteronderarm.

Inademen

5 **EIND** Laat uw armen rustig voor uw centrum langs naar hun natuurlijke positie aan beide kanten van uw lichaam zakken. Laat u een beetje zakken terwijl u uitademt. Dit is een traditionele beweging om een serie af te sluiten; als u wilt kunt u uw tai chi-sessie hier beëindigen.

6 **OF GA VERDER MET DEEL 2** Breng uw gewicht wat meer naar links terwijl u uw armen laat zakken. Trek uw handen tijdens het zakken linksonder van het midden. Begin uw linkerhandpalm hierbij omhoog te draaien ter voorbereiding op de volgende beweging, die begint in deel 2.

de korte yang-vorm

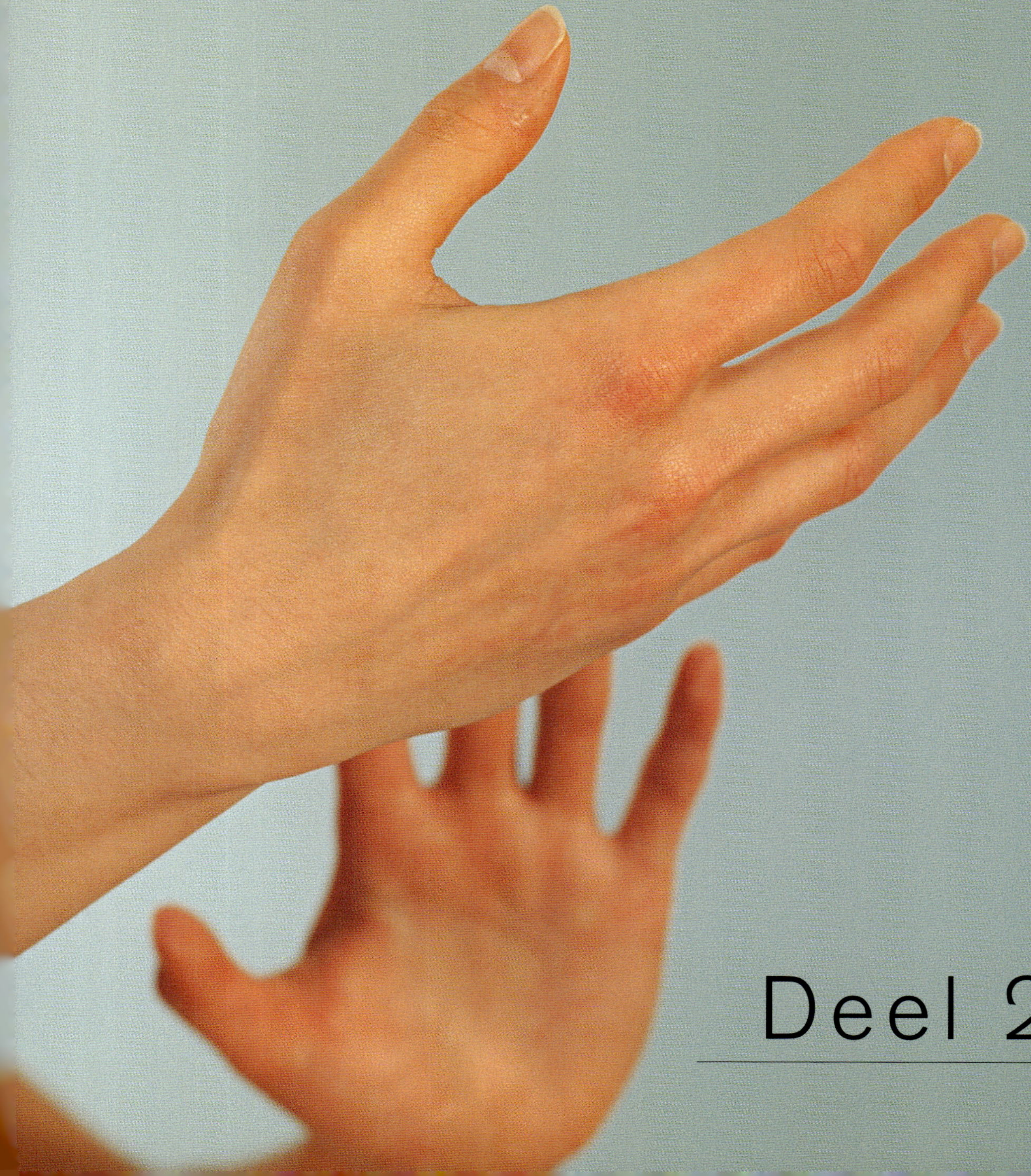

Deel 2

Breng de tijger naar de bergen

Dit is de eerste keer dat we diagonale stappen gaan maken. Breng de tijger naar de bergen bevat een grote draai van 135 graden naar een punt achter uw rechterschouder. Als u volgens kompas begint met uw gezicht naar het zuiden, beweegt u hierbij naar het noordwesten, de richting van de Berg in de oude Chinese filosofie.

Inademen

Buig uw linkerknie en zorg ervoor dat u goed in balans bent

Til uw rechtervoet op en maak u klaar voor de stap achterom

Inademen vervolg

BEGIN De uitgangspositie is die bij positie 6 aan het eind van deel 1 (zie blz. 67), waarbij het grootste deel van uw gewicht al op uw linkervoet rust.

1 Houd uw rechterarm schuin voor uw centrum. Scheid uw handen van elkaar door uw linkerarm op te heffen met uw handpalm omhoog. Til uw rechterhiel van de grond en trek uw tenen naar uw linkervoet om uw balans te controleren. Dit alles is de voorbereiding op de grote draai naar de diagonaal achter u.

2 Open uw rechterheup door uw been naar buiten te draaien en draai uw middel met de klok mee naar de diagonaal achter uw rechterschouder. Het kost heel wat oefening voor u deze grote stap achterom onder de knie heeft, dus maak u geen zorgen als het de eerste keer niet helemaal perfect gaat. Het is de kunst om goed in uw linkerzijde te zakken voor u aan de draai begint.

3 Zet uw rechtervoet eerst met de hiel neer en buig dan uw knie. Omdat dit een zeer grote stap is, is het belangrijker dan ooit om uw voet aan het eind in een comfortabele positie bij te draaien. Zwaai uw rechterhand intussen langs uw rechterknie en draai hem daarbij, zodat uw handpalm naar boven wijst. Het is nu alsof u een grote bal vasthoudt, met uw linkerhand aan de bovenkant.

POSITIEVE EFFECTEN

- **Diagonale oefeningen als deze dwingen u zich meer te focussen op uw innerlijke centrum om een correcte houding aan te kunnen nemen.**
- **Deze draai helpt u uw zelfvertrouwen te vergroten en uw coördinatie te verbeteren.**

Trek terug en Duw, diagonaal

Hier begint het diagonale koor (zie blz. 38-39). U staat al in de diagonale positie, dus het enige wat u hoeft te doen is op uw linkervoet leunen en uw middel eerst tegen de klok in draaien en dan met de klok mee terwijl u de bewegingen uitvoert.

BEGIN Draai uw middel enigszins met de klok mee en breng uw gewicht langzaam terug op uw linkerzijde.

1 Uw voorste voet staat nog steeds op de diagonaal. Draai uw handen licht terwijl uw linkerhandpalm op een afstandje onder uw rechteronderarm langs glijdt tot naast uw elleboog. De hoek van uw rechterelleboog is intussen scherper geworden en de onderarm wijst bijna recht omhoog. Draai tijdens deze armbewegingen uw middel licht met de klok mee; uw armen volgen licht.

2 Draai tijdens dezelfde inademing uw middel tegen de klok in en trek uw linkerhand ondom naar achteren naar uw linkerheup; breng intussen uw rechteronderarm omlaag voor uw centrum. Het grootste deel van uw gewicht rust nu op uw achterste been. Probeer een gevoel van contact te ontwikkelen tussen uw handpalmen, ondanks dat ze van elkaar gescheiden zijn – blijf denken aan die energieverbinding tussen uw handen.

POSITIEVE EFFECTEN

- Het diagonale koor is goed voor de ontwikkeling van een goede stand van de heupen en schouders ten opzichte van de ruggenwervel.
- Door de complexe veranderingen in de richting en in het voetenwerk raakt u zich meer bewust van uw oriënteringsvermogen en persoonlijke ruimte.

3 Breng uw gewicht nogmaals naar voren op uw rechtervoet door uw middel met de klok mee te draaien. Breng beide handen omhoog; uw linkerhandpalm wijst naar voren. Buig uw rechterknie en breng uw linkerhandpalm op borsthoogte voor u heel licht tegen de 'hiel' van uw rechterhandpalm.

Uitademen

Gescheiden handen en Stoot, diagonaal

U staat nog steeds op de diagonaal met uw voeten plat op de grond. Voer nu de bewegingen van blz. 50 uit, maar let goed op of uw voeten goed staan. Daarin ligt de uitdaging van een brede houding op een diagonale as. Als uw positie op enig moment ongemakkelijk aanvoelt, staat u waarschijnlijk in een te smalle houding.

POSITIEVE EFFECTEN

- **Net als bij de vorige versie (zie blz. 50) is deze serie uitermate geschikt om de Longenergie te stimuleren.**

BEGIN Laat de vorige positie van uw handen los en draai uw handpalmen omlaag.

1 Breng uw handen met een 'zwembeweging' horizontaal uit elkaar, naar buiten en naar achteren; uw duimen wijzen naar uw borst. Breng tegelijkertijd uw gewicht op uw achterste voet. Bega niet de veelgemaakte fout om achterover te leunen, alsof u erg schrikt. Als u denkt dat u achteroverleunt, zak dan omlaag.

2 Draai uw handpalmen zo dat ze naar buiten wijzen. Verplaats uw gewicht weer naar voren door uw rechterknie te buigen. Verplaats uw schouders en armen hierbij niet te veel. De stoot komt vanuit uw handen, maar wordt vooral veroorzaakt doordat u uw knie buigt, en niet doordat u uw armen naar voren duwt. Leun ook niet naar voren: denk aan uw innerlijke loodlijn (zie blz. 29) en houd uw rug de hele tijd recht. Laat tijdens de uitademing de spanning in uw borst mentaal los.

Diagonale enkelvoudige zweep

Het is weer tijd voor de Enkelvoudige zweep. Het verschil met de vorige is dat de hele serie nu plaatsvindt op de diagonale as. Zorg ervoor dat u volledig in balans bent en comfortabel staat met uw gewicht op uw rechtervoet voor u begint aan deze grote slotmanoeuvre met een draai naar links van 180 graden.

POSITIEVE EFFECTEN

- Net als de vorige versie op blz. 51-53 is dit een heel goede oefening voor uw middel en een goede test voor uw lenigheid en balans.
- Deze beweging zorgt voor ontspanning in de polsen en ellebogen, en stimuleert de pezen en banden van de knieën en enkels.

BEGIN Breng het grootste deel van uw gewicht op uw achterste voet en houd uw armen ontspannen.

1 Houd uw handen plat met uw palmen omlaag. U zult merken dat u uw armen moeiteloos voor u uitsteekt als u uw rechterbeen strekt. Leun op dat been en ontspan in de beweging. Houd uw armen de hele tijd licht gebogen, zet ze nooit 'op slot'.

2 Houd uw armen in dezelfde positie voor u uit en draai uw centrum langzaam tegen de klok in door op uw rechterhiel te draaien. De tenen van beide voeten komen licht naar binnen te staan, alsof u op twee zijden van een driehoek staat. Na het indraaien staan beide voeten plat op de grond en uw gewicht rust vooral op uw linkerzijde.

3 Trek uw rechterhand dichter naar uw lichaam, waarbij de hoek van uw rechterelleboog scherper wordt. Draai uw middel met de klok mee en breng uw gewicht terug op uw rechterkant. Vorm tegelijkertijd met uw linkerhand de Snavel van een kraanvogel (zie blz. 52).

Vorm de Snavel van de kraanvogel met uw rechterhand. Houd uw vingers ontspannen

Inademen

Strek uw linkerarm, maar zet hem niet helemaal 'op slot'

Uitademen

4 Breng de Snavel van de kraanvogel naar buiten, net rechts van het midden, tot uw arm bijna gestrekt is. Draai op hetzelfde moment op de tenen van uw linkervoet en beweeg uw centrum tegen de klok in. Probeer uw kin op één lijn te houden met uw borstbeen en navel. Uw gewicht rust vooral op uw rechtervoet, waardoor de tenen van uw linkervoet vrij zijn om bij te draaien.

5 Laat al uw gewicht in uw rechtervoet zakken en maak u klaar voor een grote stap linksom. Het is een grote stap, dus zorg ervoor dat u goed in balans bent voor u uw linkervoet van de grond tilt. Uw linkerhand is inmiddels omhooggegaan vanuit zijn positie ter hoogte van uw rechterheup.

POSITIEVE EFFECTEN

- **Door uw linkeronderzijde rustig te stimuleren en te openen, helpt u een ophoping van stagnerende Lever-chi te voorkomen.**

6 Stap rechtsom op de diagonaal en zet als eerste uw linkerhiel neer. Buig uw knie om uw gewicht naar voren te verplaatsen. Til uw linkerhand op en draai hem als u naar voren gaat, zodat hij met de handpalm en vingers naar voren voor de linkerkant van uw borst uitkomt. Houd uw elleboog ontspannen. Houd uw rechterarm de hele tijd licht achter u naar buiten gestrekt, in de positie van de Snavel van de kraanvogel.

Vuist onder elleboog

Na deze herhalingen is het nu tijd om weer wat nieuws te leren en terug te gaan naar de rechthoek. De vuist komt weer in beeld, net als de vorige keer (zie blz. 60) losjes en ontspannen. Het kan helpen tijdens deze beweging hardop te tellen: een, twee, drie.

POSITIEVE EFFECTEN

- **Deze beweging zorgt voor een uitdaging voor en een verbetering van uw algehele lichaamscoördinatie.**
- **Alle smalle hielhoudingen zijn goed voor de spieren in het onderbeen die belangrijk zijn voor de bloedstroom terug naar het hart.**

BEGIN Open uw armen en handen op ontspannen wijze en breng uw gewicht naar achteren op uw rechterbeen.

1 Draai op uw linkerhiel om uw voet enigszins naar buiten te zetten. Zo komt u weer terug op de rechthoek van deel 1. Draai uw middel een beetje met uw voet mee, licht tegen de klok in. Tel op dit punt eventueel hardop het getal 'een'.

2 Zet uw linkervoet plat op de grond en breng uw gewicht naar voren. Trek uw rechtervoet naast uw linkervoet, met de tenen naar buiten. Breng tegelijkertijd uw armen omlaag en beweeg ze in een vloeiende boog rondom naar uw linkerzijde. Uw linkerarm gaat verder dan uw rechterarm, dus eindigt uw rechterarm net links van uw centrum. Tel op dit punt eventueel hardop het getal 'twee'.

Inademen
vervolg

3 Verplaats uw gewicht naar uw rechtervoet en laat uw linkervoet naar voren in een smalle houding glijden. Breng tegelijkertijd uw linkerarm naar voren, alsof u hem als een draad door uw rechterhandpalm haalt. Sluit uw rechterhand vervolgens in een vuist en breng deze vlak onder de binnenkant van uw linkerelleboog. Tel op dit punt eventueel hardop het getal 'drie'.

Uitademen

Duw de aap terug, rechts

Hier bootsen we de beweging van een aap na, met lange, zwaaiende armen en slingerende heupen. We maken voor het eerst achterwaartse stappen, en meteen driemaal achter elkaar. Elke beweging wordt beëindigd met een zwierige stoot naar buiten van de handpalmen – met rechts, met links en nogmaals met rechts.

BEGIN Laat de vuist van uw rechterhand los en draai uw linkerhandpalm omhoog.

1 Draai uw middel met de klok mee en cirkel terug met uw rechterhandpalm; houd het meeste gewicht op uw achterste been. Til uw handpalm op tot kinhoogte, niet verder. Laat uw ogen de beweging van uw rechterhand volgen.

2 Til uw linkervoet op en trek hem achter u. U bent nu met links een stap achterwaarts aan het maken. Laat tegelijkertijd uw linkerhand zakken met uw handpalm in de richting van uw middel, links van uw centrum. Draai intussen uw rechterhandpalm naar voren ter voorbereiding van de stoot die komen gaat.

POSITIEVE EFFECTEN

- Door deze oefening wordt u zich bewust van de ruimte achter u, die u niet kunt zien, en leert u zich vloeiend te bewegen in een ongebruikelijke richting.
- Als dit u lukt, voelt u zich mentaal en emotioneel sterker.
- Deze stappen vergroten tevens de spiertonus in uw bovenarmen en schouders.

3 Zet eerst uw tenen aan de grond, zet dan uw hele linkervoet plat achter u op de grond en breng uw gewicht erop. Uw rechterhandpalm stoot naar voren terwijl u in uw linkerhelft zakt. Houd uw linkerhand ter hoogte van uw middel, links van uw centrum. Zet tot slot uw rechtervoet bij door zo op uw rechterhiel te draaien dat uw tenen naar voren wijzen.

Uitademen
vervolg

Duw de aap terug, links

Deze beweging lijkt erg op de vorige, maar wordt aan de andere kant uitgevoerd. Deze keer begint u met uw rechtervoet en -handpalm naar voren. Uw voeten staan plat op de grond in plaats van in de smalle hielhouding van hiervoor (zie blz. 80).

BEGIN Ontspan uw rechterarm en draai uw pols zodat uw handpalm omhoog wijst.

1 Draai uw middel tegen de klok in en cirkel terug met uw linkerhandpalm; houd het meeste gewicht op uw achterste been. Til uw handpalm op tot kinhoogte, niet verder. Laat uw ogen de beweging van uw linkerhand volgen.

2 Til uw rechtervoet op en trek hem achter u. U bent nu met rechts een stap achterwaarts aan het maken. Laat tegelijkertijd uw rechterhand zakken met uw handpalm in de richting van uw middel, rechts van uw centrum. Draai intussen uw linkerhandpalm naar voren ter voorbereiding van de stoot die komen gaat.

POSITIEVE EFFECTEN

- **Door deze beweging opent en stimuleert u de gebieden in de borst, hals, oksels en liezen, waar zich lymfatisch weefsel bevindt (zie blz. 19).**
- **Deze beweging verbetert ook de spiertonus in de onderbenen.**

3 Zet eerst uw tenen aan de grond, zet dan uw hele rechtervoet plat achter u op de grond en breng uw gewicht erop. Uw linkerhandpalm stoot naar voren terwijl u in uw rechterhelft zakt. Houd uw rechterhand ter hoogte van uw middel, rechts van uw centrum. Schuif tot slot uw linkervoet bij door zo op uw linkerhiel te draaien dat uw tenen naar voren wijzen.

Uitademen
vervolg

Duw de aap terug, rechts

Om de Duw de aap terug-serie af te sluiten herhaalt u de versie aan de rechterkant die we al gezien hebben op blz. 80-81. We laten deze beweging nog een keer volledig zien, want de beginpositie is deze keer iets anders.

BEGIN Ontspan uw linkerarm en draai uw linkerhandpalm omhoog.

1 Draai uw middel met de klok mee en cirkel terug met uw rechterhandpalm; houd het meeste gewicht op uw achterste been. Til uw handpalm op tot kinhoogte, niet verder. Laat uw ogen de beweging van uw rechterhand volgen.

2 Til uw linkervoet op en trek hem achter u. U bent nu met links een stap achterwaarts aan het maken. Laat tegelijkertijd uw linkerhand zakken met uw handpalm in de richting van uw middel, links van uw centrum. Draai intussen uw rechterhandpalm naar voren ter voorbereiding van de stoot die straks komen gaat.

POSITIEVE EFFECTEN

- Net als eerder (zie blz. 80-81) helpt deze oefening u achterwaartse stappen onder de knie te krijgen. U krijgt bovendien meer wilskracht en zelfvertrouwen.
- Deze beweging vergroot de spiertonus in uw bovenarmen en schouders.
- Door de stappen te herhalen vergroot u uw coördinatie en balans.

3 Zet eerst uw tenen aan de grond, zet dan uw hele linkervoet plat achter u op de grond en breng uw gewicht erop. Uw rechterhandpalm stoot naar voren terwijl u in uw linkerhelft zakt. Houd uw linkerhand ter hoogte van uw middel, links van uw centrum. Schuif tot slot uw rechtervoet bij door zo op uw rechterhiel te draaien dat uw tenen naar voren wijzen.

Uitademen
vervolg

Diagonaal vliegen

Voor deze beweging draait u uw lichaam 135 graden om weer op de diagonale as te komen, rondom tot ver achter uw rechterschouder. Met de dynamische zwaai aan het eind sluit u de voorafgaande Duw de aap terug-serie goed af – alsof u de aap weer terug in de boom zet.

POSITIEVE EFFECTEN

- **Door deze beweging leert u beter in balans te blijven als uw bovenlichaam beweegt.**
- **Deze beweging helpt de spanning aan beide zijkanten op te heffen – vooral aan de rechterkant, waar stagnerende chi zich vaak ophoopt.**

BEGIN Draai uw middel een stukje tegen de klok in en volg met uw rechterhiel.

1 Vorm net links van het midden een bal met uw handen. Uw linkerhand ligt met de palm omlaag op de bal en uw rechterhand ondersteunt de bal van onderaf, met de palm omhoog. Breng uw gewicht goed op uw linkervoet en maak u klaar voor de grote stap rondom die komen gaat.

Inademen

Het kan helpen de tenen van uw rechtervoet licht in de richting van uw linkervoet in te trekken

Hef uw rechterhand op tot hoofdhoogte, niet verder

Houd uw schouders ontspannen

Uitademen

2 Til uw rechtervoet van de grond, draai uw middel met de klok mee en zet uw rechtervoet, eerst uw hiel, neer op de diagonaal achter uw rechterschouder. Open uw armen tijdens de stap door uw rechterarm in een grote boog, rechts van het midden, omhoog te zwaaien en uw linkerhand te laten zakken tot heuphoogte, met de palm omlaag en licht naar achteren gericht. Zet uw achterste voet zo snel mogelijk weer in een comfortabele positie.

Wolkenhanden, opening

Bij de Wolkenhanden-serie ligt de nadruk op het opzij stappen, waarbij u uw middel flink moet draaien elke keer dat u van links naar rechts stapt. Om te beginnen gaat u met onderstaande korte beweging eerst weer terug naar het vierkant.

POSITIEVE EFFECTEN

- **Deze bewegingen zijn goed voor de knie- en enkelbanden; ze zijn zeer nuttig, bijvoorbeeld voor oudere mensen die moeite hebben om gedurende langere tijd te lopen of te staan.**
- **Ze vergroten uw lichaamscoördinatie doordat u met veel gewrichten tegelijk werkt.**

BEGIN Draai uw middel met de klok mee en breng uw hele gewicht naar voren op uw rechtervoet.

1 Zet uw linkervoet op één lijn met uw rechtervoet; uw voeten staan nu naast elkaar met minstens anderhalve schouderbreedte afstand ertussen. Zwaai tegelijkertijd uw linkerhand rondom uw heup en draai uw handpalm mee om de bal van onderaf te ondersteunen. Uw rechterhand blijft boven op de bal en rolt dus mee.

2 Verplaats uw gewicht naar uw linkerzijde. Uw handen wisselen van positie: laat uw rechterhand zakken tot heuphoogte en til uw linkerhand op tot halshoogte. Uw linkerhand beweegt zich binnen de baan van uw rechterhand, met andere woorden, uw linkerhand is dichter bij uw lichaam dan uw rechterhand. Probeer de bewegingen vloeiend en rond te maken in plaats van alleen maar op en neer.

Wolkenhanden, links

U gaat nu beginnen aan het daadwerkelijke opzij stappen dat Wolkenhanden typeert. Houd uw benen en voeten parallel aan elkaar en buig diep door uw knieën, in een boogvorm. Uw handen zijn ontspannen en tekenen als het ware de golvende vormen van de wolken.

BEGIN Draai zo op uw rechterhiel dat uw tenen naar voren komen te wijzen.

1 Draai uw middel een stukje tegen de klok in; uw centrum blijft naar voren wijzen. Breng tegelijkertijd uw handen in positie als op de foto, de linker- boven de rechterhand. Houd uw linkerhandpalm ter hoogte van uw hals en uw rechterhandpalm ter hoogte van uw buik.

2 Draai uw middel verder tegen de klok in en vorm een bal met uw handen (linkerhand boven), waarvoor u uw polsen licht moet draaien. Houd flink veel afstand tussen uw armen en uw lichaam, ongeveer 30 cm, afhankelijk van uw proporties en lengte.

3 Uw gewicht rust nu op uw linkerzijde. Til uw rechtervoet van de grond en trek hem naar binnen tot op schouderbreedte afstand van uw linkervoet. Uw voeten staan nog steeds parallel aan elkaar, met de tenen naar voren. Laat uw handen van positie wisselen: laat uw linkerhand zakken en til uw rechterhand omhoog. Breng uw linkerarm wat verder naar links om plaats te maken voor uw rechterarm, die u binnen de baan van uw linkerarm, dus dichter bij uw lichaam, weer omhoog haalt. Breng uw gewicht nu weer langzaam enigszins op uw rechterzijde.

POSITIEVE EFFECTEN

- **Het voortdurende draaien van uw middel is goed voor de spijsvertering.**
- **Op termijn bevordert het de spiertonus van uw middel en uw lenigheid.**

Wolkenhanden, rechts

De serie is bijna hetzelfde als die op blz. 88-89. Het enige wat anders is, is de beginpositie: uw voeten staan nu dichter bij en parallel aan elkaar. Als u van rechts naar links stapt, houd uw knieën dan goed uit elkaar en zet uw voeten elke keer volledig plat neer.

BEGIN Draai uw middel met de klok mee, zodat u weer met uw gezicht naar voren uitkomt.

1 Uw centrum wijst naar voren. Breng uw handen in positie als op de foto, de rechter- boven de linkerhand. Houd uw rechterhandpalm ter hoogte van uw hals en uw linkerhandpalm ter hoogte van uw buik. Visualiseer uw ruggenwervel, die helemaal meedraait bij deze subtiele draaiingen van uw middel; houd uw hoofd, schouders en heupen de hele tijd recht.

2 Draai uw middel langzaam met de klok mee en draai uw polsen net zo langzaam om een bal te vormen, uw rechterhand bovenop. Draai niet te ver. Kantel als altijd uw bekken enigszins en houd uw knieën uit elkaar, zodat uw benen tijdens de hele serie in een boogvorm staan.

POSITIEVE EFFECTEN

- De bewegingen van de hele Wolkenhanden-serie hebben een uitermate kalmerend effect op uw emoties.
- Ze helpen tevens uw handen en zelfs vingers losjes en ontspannen te maken.

3 Stap met uw linkervoet verder naar links, zodat uw voeten op anderhalve schouderbreedte afstand van elkaar komen, en laat uw handen dan van positie wisselen: laat uw rechterhand zakken tot heuphoogte en hef uw linkerhand op tot halshoogte. Uw linkerhand gaat binnen de baan van uw rechterarm omhoog; breng vervolgens uw bovenste arm weer wat verder naar rechts om plaats te maken voor uw onderste arm, die daarbinnen, dus dichter bij uw lichaam, weer omhoogkomt.

Breng uw gewicht net voor uw rechterhand omlaag komt, op uw linkerzijde

Uitademen

Wolkenhanden, links in Zweep

Zoals u misschien al gemerkt heeft, kunt u eindeloos doorgaan met de Wolkenhanden-serie door steeds weer van rechts naar links opzij te stappen. We gaan de serie nu afsluiten met een slimme halve stap naar voren in de eindfase van de Enkelvoudige zweep.

BEGIN Draai uw centrum tegen de klok in, zodat het weer naar voren wijst.

1 Plaats uw handen als op de foto, net als hiervoor, met uw linker- boven uw rechterhand. Houd uw linkerhand op halshoogte en uw rechterhand op buikhoogte, en zorg voor veel ruimte tussen uw armen en lichaam. Uw voeten staan ver uit elkaar en uw benen staan in boogvorm.

2 Draai uw middel weer tegen de klok in en vorm een bal met uw handen, uw linkerhand boven. Probeer uw polsen vloeiend te draaien. Ze staan dan wel 'bevroren' op de foto, maar in het echt vertoont tai chi voortdurend beweging en verandering.

3 En nu iets anders. Als u nu uw handen van positie laat wisselen, zet u een halve stap naar voren met uw rechterhiel en verplaatst u uw gewicht door uw knie te buigen. Hef uw rechterhand op in de vorm van de Snavel van de kraanvogel (zie blz. 52) en laat uw linkerhand onderlangs volgen tot aan uw rechterheup.

Geïsoleerde enkelvoudige zweep

U komt nu uit in de middenfase van de Enkelvoudige zweep (zie blz. 51). Deze fase heet 'geïsoleerd' omdat dit de enige keer is dat de Enkelvoudige zweep buiten het koor voorkomt. Hier volgt dus alleen de afsluiting van de Enkelvoudige zweep, één inademing en één uitademing als u rechtsom stapt.

POSITIEVE EFFECTEN

- **Deze beweging komt vijf keer voor in de hele vorm en werkt als een soort oriëntatiepunt in de serie.**
- **De beweging helpt ophopingen van stagnerende Leverenergie en frustraties op te heffen.**

BEGIN Haal al uw gewicht van uw linkerbeen.

1 Maak u klaar om linksom te stappen door de tenen van uw linkervoet wat in de richting van uw rechtervoet te trekken. Controleer net als altijd of u in balans bent. Als u begint met de stap, gaat uw linkerarm omhoog en verandert de positie van uw handpalm van omhoog naar naar binnen gericht.

2 Draai uw middel verder tegen de klok in en stap met uw linkervoet 90 graden linksom in een brede houding. Zet eerst uw hiel neer voor u uw knie buigt. Zet zodra u uw gewicht terugbrengt naar uw linkerzijde, uw achterste voet bij in een comfortabele positie door op uw hiel te draaien. Draai u linkerhand zo dat uw vingers naar voren wijzen. Houd uw elleboog licht gebogen.

Volg met uw ogen uw linkerhandpalm

Zet uw rechterelleboog niet helemaal 'op slot', maar houd hem licht gebogen

Inademen

Houd uw linkerpols ontspannen en uw elleboog licht gebogen

Schuif uw rechterhiel bij in een comfortabele positie

Uitademen

De slang kruipt naar beneden

Deze klassieke beweging is de eerste waarbij we te maken krijgen met op- en neerwaartse energie. De beweging stelt de souplesse van uw heupen op de proef, maar u hoeft er niet superlenig voor te zijn. Op de foto's ziet u een heel rustige versie waarbij niet al te zeer gestretcht wordt, en die dus heel geschikt is voor ons.

POSITIEVE EFFECTEN

- Deze beweging is heel goed voor uw heup-, knie- en enkelgewrichten.
- De beweging bevordert de spiertonus van uw bovenbenen en billen.
- Tevens worden ophopingen van stagnerende energie van de Lever en Galblaas onder in de rechterzijde opgeheven. Stel u voor dat u met uw linkerhand frustratie en boosheid wegpoetst.

BEGIN Ontspan uw linkerhand en breng het grootste deel van uw gewicht tijdelijk naar voren op uw linkervoet.

1 Verleng uw stand door met uw rechtervoet naar achteren te schuifelen of te glijden (afhankelijk van het vloeroppervlak). Breng uw gewicht dan weer terug op uw rechtervoet, draai uw middel met de klok mee en begin uw rechterknie te buigen om als het ware te 'hurken' op uw achterste been. Haal intussen uw linkerhand terug naar borsthoogte, met de handpalm naar binnen.

Inademen

Inademen
vervolg

2 Draai een beetje op uw linkerhiel, als dat lukt, om uw tenen naar binnen te laten wijzen, en zak door uw rechterknie. Blijf uw middel met de klok mee draaien en breng uw linkerhand in een sierlijke boog recht omlaag tot vlak bij uw rechterbeen.

Uitademen

3 Laat uw linkerhand zijn reis naar voren vervolgen, tot vlak bij de grond, en breng uw voorste voet weer op één lijn door de tenen recht naar voren te laten wijzen. Als u deze baan in de lucht zou tekenen, zou u merken dat uw linkerhand tijdens deze beweging grofweg een grote cirkel met de klok mee maakt: naar achteren, omlaag en weer naar voren.

Gouden fazant staat op het linkerbeen

In tegenstelling tot de vorige beweging, die zeer laag en nogal mysterieus werd uitgevoerd, wordt deze concrete beweging zeer rechtop gedaan: de mannetjesfazant die indruk probeert te maken en op één poot staat te pronken met zichzelf – u tilt uw rechterbeen een paar seconden omhoog; zorg er dus voor dat u in balans bent.

POSITIEVE EFFECTEN

- **Deze beweging vergroot uw balans en zelfvertrouwen.**
- **De beweging versterkt de botten, waardoor u minder risico loopt op ziekten als osteoporose.**

BEGIN Kom uit de lage positie door met uw lichaam omhoog te komen en uw gewicht naar voren te brengen; daar is een heel duidelijke manier voor.

1 Draai op uw achterste hiel uw tenen wat naar binnen. Zet dan uw voet bij door uw tenen op uw hiel naar buiten te draaien. Dit is de voorbereiding op de volgende beweging, waarvoor u een stevige basis nodig heeft van waaruit uw lichaam naar voren en omhoog kan gaan. Op de foto is dit al begonnen en zijn de armen omhoog en naar voren gebracht.

2 Het grootste deel van deze beweging is ongebruikelijk, omdat het bij de inademing hoort. Breng, nog steeds tijdens de inademing, uw hele gewicht op uw linkervoet en trek dan uw rechterknie op tot onder uw rechterelleboog. Uw onderarm, elleboog, knie en scheenbeen bevinden zich nu allemaal op één verticale lijn en geen van alle mag naar links of rechts uitsteken.

Gouden fazant staat op het rechterbeen

De vorige beweging wordt hier herhaald aan de andere kant. Tot nu toe had u op zijn minst uw tenen of hiel de meeste tijd aan de grond. Nu is het gedaan met deze 'stabilisatoren'. Als u dat niet prettig vindt, houd dan alleen de puntjes van uw tenen aan de grond. Als u regelmatig oefent, krijgt u vanzelf een betere balans.

POSITIEVE EFFECTEN

- **Behalve dat de gouden fazant goed is voor uw botten, balans en zelfvertrouwen, stimuleert hij ook de energie van het element Vuur, dat goed is voor uw bloedsomloop en lichamelijke en emotionele warmte.**

BEGIN Laat uw rechterarm en -been langzaam zakken.

1 Uw rechtervoet staat plat op de grond als u uw rechterarm naar de zijkant laat zakken. Zorg ervoor dat uw rechtervoet naast uw linkervoet staat, op schouderbreedte afstand en naar buiten gericht. Houd uw rechterhand ontspannen met de handpalm licht omlaag.

2 Hef uw linkerknie langzaam op tot een comfortabele hoogte, tegelijk met uw linkerarm. Uw elleboog eindigt boven uw knie. Uw onderarm, elleboog, knie en scheenbeen bevinden zich nu op één verticale lijn en geen van alle steekt naar links of rechts uit.

Hoog klopje op het paard, rechterzijde

Hoewel het paard een van de krachtigste dieren is, zijn zijn bewegingen meestal bijzonder gracieus en vloeiend. Hier imiteert u met uw armen de voorbenen van een steigerend paard. Het is een echte uitdaging voor uw coördinatie, maar als u dit onder de knie heeft, zult u een zeer voldaan gevoel hebben.

POSITIEVE EFFECTEN

- **Het beheersen van de langzame overgang van de gouden fazant naar deze beweging is bijzonder goed om uw balans en coördinatie te verbeteren.**
- **Het verbetert ook uw behendigheid omdat u armen en benen tegelijk moet gebruiken.**

BEGIN Ontspan uw linkerarm en breng uw linkervoet naar de grond.

1 Zet uw linkervoet net achter uw rechtervoet op de grond. Breng uw gewicht naar achteren op uw linkerzijde. Op de foto ziet u het moment net voor het gewicht overgaat op de linkerzijde.

2 Breng uw rechterhandpalm nu omhoog en schuin naar voren, en laat hem – figuurlijk – rusten op de flank van een paard of pony. Breng uw linkerhandpalm omhoog tot op heuphoogte, alsof u het paard van een appel laat eten. Maak deze hele beweging vloeiend, zodat uw rechteronderarm langs uw linkerhandpalm glijdt als hij omhooggaat.

Gescheiden handen en Schop met rechtertenen

We komen nu bij de eerste serie met schoppen. Net als de stoten doen deze denken aan de gevechtsoorsprong van tai chi. Laat u echter niet meeslepen door de gedachte eens lekker uit te halen naar een denkbeeldige tegenstander. Agressie brengt onvermijdelijk spanning met zich mee – en die is uw ware vijand. Blijf dus kalm.

BEGIN Draai uw rechterhiel licht naar binnen, zoals op de foto.

1 Laat beide armen tot op buikhoogte zakken. Laat uw handen elkaar kruisen (uw rechterpols over uw linkerpols) met de handpalmen naar binnen.

2 Til uw armen, nog steeds gekruist, op tot kinhoogte. Draai nu uw polsen zodat uw handpalmen naar buiten komen te staan. U gaat nu ook uw rechterknie opheffen; uw linkervoet blijft aan de grond. Zorg er eerst voor dat u goed in balans bent op uw linkervoet.

3 Scheid uw handen van elkaar door ze in een grote boog naar buiten te brengen – uw rechterhand gaat naar voren, uw linkerhand naar achteren. Strek dan uw rechterbeen in een soort schopbeweging, met uw tenen voorop. Draai uw rechterheup iets open zodat u uw been licht naar buiten kunt draaien, rechts van het midden.

Hoog klopje op het paard, linkerzijde

U gaat nu de beweging van blz. 98 herhalen, maar deze keer geeft u het klopje met uw linkerhand. Na de schop ademt u opnieuw in met uw knie nog steeds opgetrokken. Als u naar voren dreigt te stoten of te vallen na de schop, betekent dat dat u niet helemaal goed geworteld bent. U kunt dat als volgt oplossen.

POSITIEVE EFFECTEN

- Net als de tegenhanger op blz. 98 bevordert deze beweging uw balans, coördinatie en besluitvaardigheid.
- De beweging werkt kalmerend, waardoor u weer kunt wortelen.

BEGIN Laat uw scheenbeen na de schop zakken, maar houd uw voet nog even van de grond om uw balans te controleren.

1 Zet uw rechtervoet voorzichtig, eerst met de hiel, vlak voor uw linkervoet en op een diagonaal neer. Trek uw handen met de palmen naar elkaar toe in de richting van uw centrum; houd uw linkerhandpalm iets hoger dan uw rechterhandpalm.

Zorg ervoor dat uw schouders op één lijn blijven

Houd uw rechterhandpalm omhoog, alsof u het paard van een appel laat eten

Uitademen

Zet uw rechtervoet langzaam en beheerst neer

Inademen

2 Breng het grootste deel van uw gewicht naar voren op uw rechterzijde en breng uw linkerhand naar buiten en omhoog in een naar buiten gerichte positie op kinhoogte, rechts van het midden, alsof hij op de flank van het paard rust. Laat uw rechterhand intussen met de handpalm omhoog zakken tot uw middel. Beweeg uw armen in sierlijke bogen.

Gescheiden handen en Schop met linkertenen

U gaat de schop van blz. 99 nu aan de andere kant herhalen. Laat u weer niet te veel meeslepen door deze schop, maar gebruik hem om het bovenste deel van uw been en voet rustig te rekken. Met deze beweging kunt u uw balans verbeteren.

POSITIEVE EFFECTEN

• Net als de tegenhanger op blz. 99, en net als alle schoppen bij tai chi, helpt deze beweging uw balans en zelfvertrouwen te verbeteren.

BEGIN Stap naar voren met uw linkervoet zodat deze naast uw rechtervoet komt te staan.

1 Draai op uw linkerhiel uw tenen licht naar binnen en kruis tegelijkertijd uw armen op polshoogte. Laat uw rechterpols ter hoogte van uw middel licht op uw linkerpols rusten; houd uw handpalmen naar binnen. Draai uw polsen naar buiten en breng ze omhoog, net als op blz. 99. Houd uw armen gekruist, maar met de handpalmen naar buiten, klaar voor de volgende beweging.

Uw rechterpols rust vlak onder kinhoogte op uw linkerpols, met de handpalmen naar buiten

Breng uw gewicht op uw rechterzijde, zodat u uw linkerknie op kunt trekken

Inademen

Voer de schop heel langzaam uit, concentreer u op een rustige stretch

Uitademen

2 Trek uw linkerknie zo op dat uw onderbeen verticaal boven de grond hangt. Zo komt u voor de schop goed in balans. Scheid uw handen van elkaar met weer een grote boog naar buiten. Breng dan langzaam uw onderbeen in een soort schopbeweging omhoog, met uw tenen voorop. Draai uw linkerheup iets open zodat u uw been licht naar buiten kunt draaien, links van het midden.

Draai om en Trap met linkerzool

Bij de volgende beweging draait u 180 graden op uw rechterhiel, wat op een vrij spectaculaire manier kan zonder de linkervoet neer te zetten. U gaat hier echter een vereenvoudigde versie uitvoeren, waarbij u wat hulp krijgt van uw linkertenen, die tijdens de draai een deel van het gewicht op zich nemen.

BEGIN Laat uw onderbeen langzaam zakken en breng uw armen omlaag.

1 Adem in en laat uw linkerarm langzaam zakken, tot bijna verticaal voor uw centrum. Houd uw rechterarm iets hoger boven uw rechterheup. Uw polsen staan op het punt elkaar te kruisen. Houd uw knie de hele tijd opgetrokken en uw linkervoet van de grond.

2 Draai op uw rechterhiel, draai uw linkerheup open en draai uw middel tegen de klok in, net ver genoeg om de bal van uw linkervoet op de grond te zetten. Breng uw gewicht op deze voet, zodat u verder kunt draaien op uw rechterhiel om de rest van de 180 graden-draai te maken. Kruis tijdens de draai, vlak voor u uw gewicht terug naar links brengt, uw polsen ter hoogte van uw buik, rechts over links.

POSITIEVE EFFECTEN

- De hielschop is goed voor de hamstring en achillespees aan de achterkant van uw been.
- Hij heeft ook effect op de acukanalen van de Nier- en Blaasenergie, die uw lichaam zuiveren van gifstoffen en die u, naar verluidt, helpen een sterkere wil te krijgen.
- Deze beweging helpt u angsten te overwinnen en zelfvertrouwen op te bouwen door uw balans voor steeds hetere vuren te zetten.

3 Trek uw linkerknie op als uw polsen omhooggaan en breng uw armen in een sierlijke boog (u inmiddels wel bekend) naar buiten; uw linkerarm gaat naar voren en uw rechterarm gaat iets naar achteren. Breng nu ook uw linkervoet omhoog voor de schop; deze keer 'schopt' u met uw hele voetzool in plaats van alleen met uw tenen.

Uitademen

Strijk linkerknie en Stoot

De bewegingen die nu volgen, kent u al, dus kunt u uw vloeiendheid nu in korte tijd behoorlijk uitbreiden. De eerste beweging is een herhaling van de oefening op blz. 57 en 59, maar deze keer staat u met uw gezicht de andere kant op en stapt u vanuit een positie waarin uw hele gewicht op één been rust.

POSITIEVE EFFECTEN

- **Met deze oefening kunt u uw balans en vloeiendheid verder verbeteren.**
- **Deze beweging maakt tevens de spieren, pezen en botten van uw benen en heupen sterker.**

BEGIN Laat uw onderbeen zakken na de schop en concentreer u op uw balans.

1 Laat uw linkerarm zakken en zwaai tegelijkertijd uw rechterhand, met uw palm omhoog, rechts van het midden een beetje naar achteren. U voelt uw middel misschien wat met de klok mee draaien als uw rechterhandpalm naar achteren gaat.

2 Stap met uw linkervoet langzaam in een brede houding; zet eerst uw hiel neer. 'Strijk' over uw knie met uw linkerhand terwijl u uw gewicht naar voren brengt. Stoot tot slot uw rechterhandpalm naar buiten.

Strijk rechterknie en Stoot

Dit is de eerste keer dat u deze beweging aan de rechterzijde gaat doen. U zult meteen merken dat u de versie aan de linkerkant, die u al veel heeft geoefend, veel vloeiender kunt uitvoeren dan deze aan de rechterkant. Kunt u nagaan wat u met regelmatige oefening kunt bereiken!

POSITIEVE EFFECTEN

- Deze serie leert u zich te concentreren en uw energie efficiënter te gebruiken door uw ledematen af te wisselen, de ene hand met de andere.
- De serie bevordert ook de kracht en spiertonus in uw dijbenen.

BEGIN Voer eerst de yin-fase van de beweging uit (zie blz. 17) door uw gewicht te laten zakken en de tenen van uw linkervoet naar buiten te draaien.

1 Breng uw rechterarm omlaag naar uw centrum terwijl u uw linkerhand met de palm omhoog naar achteren draait, tot achter uw schouder. Draai uw middel voor deze beweging een stukje tegen de klok in en maak u klaar om uw rechtervoet van de grond te tillen door uw gewicht op uw linkerzijde te brengen.

2 Stap met uw rechtervoet naar voren en zet eerst uw hiel neer. Buig uw knie om uw gewicht naar voren te brengen. 'Strijk' tijdens de stap over uw knie met uw rechterhandpalm door uw hand van links naar rechts te slepen. Stoot ter hoogte van uw borst uw linkerhandpalm naar buiten, slechts licht van het midden.

Uw linkervoet (die uw achterste voet wordt) staat wat naar buiten gedraaid voor een steviger basis

Inademen

Uw rechterhand ontspant na het 'strijken' over uw knie, zodat de energie zich kan richten op uw linkerhandpalm

Uitademen

Strijk linkerknie en Stomp omlaag

Deze lijkt op Strijk rechterknie en Stoot met het verschil dat u hier niet met uw rechterhandpalm naar buiten stoot, maar met uw rechterhand een vuist vormt en aan het eind van de stap schuin omlaag stompt. Uw voeten volgen hetzelfde patroon: u draait de voet die de achterste voet wordt naar buiten en stapt dan naar voren.

POSITIEVE EFFECTEN

- **Met deze beweging maakt u de spieren, pezen en botten van uw benen en heupen sterker.**
- **De beweging verbetert de toevoer van bloed en chi naar de voortplantingsorganen en blaas.**

BEGIN Voer eerst de yin-fase van de beweging uit (zie blz. 17) door uw gewicht te laten zakken en de tenen van uw rechtervoet naar buiten te draaien.

1 Breng uw gewicht op uw rechterzijde en til uw linkervoet van de grond, klaar om naar voren in een brede houding te stappen. U voelt uw middel misschien een stukje met de klok mee draaien als u met rechts een vuist vormt. Uw knokkels wijzen deze keer omhoog, dus is deze voorbereiding anders dan die op blz. 61. Trek uw linkerhand intussen naar uw centrum.

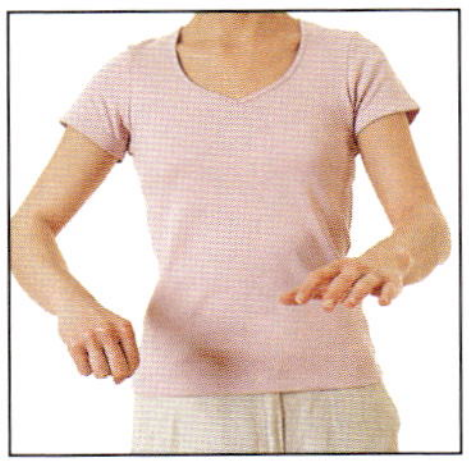

Dit plaatje van de rechterschouder laat zien dat de hand losjes en ontspannen is, met de knokkels omhoog

Houd uw rug recht als u stompt

Uitademen

Draai uw middel licht met de klok mee

Houd uw rechterknie goed gebogen (hier niet te zien)

Inademen

2 Stap naar voren in een brede houding en buig uw knie om uw gewicht naar voren te brengen. Als u naar voren gaat, 'strijkt' uw linkerhandpalm over uw rechterdij. Steek tot slot uw rechterhand uit als in een langzame stomp, omlaag en naar het midden, tot ongeveer de hoogte van uw rechterknie. Draai uw vuist onderweg zodat uw duim bovenaan uitkomt. Als u uw rug tijdens de stomp voelt buigen, recht hem dan weer door hoger te stompen of laat uw lichaam als het ware tussen uw knieën zakken.

Grijp de staart van de vogel

Met dezelfde techniek van voorwaarts stappen gaat u nu opnieuw het koor herhalen, die u op blz. 47 en 53 heeft gezien en waarmee u inmiddels wel vertrouwd zult zijn. Deze beweging volgt eenvoudig op de voorwaartse serie die we in de vorige bewegingen zagen.

POSITIEVE EFFECTEN

- **Deze beweging geeft de spieren van uw armen, borst en schouders energie.**

BEGIN Voer eerst de yin-fase van de beweging uit (zie blz. 17) door uw gewicht te laten zakken en de tenen van uw linkervoet naar buiten te draaien.

1 Breng uw gewicht op uw linkerzijde en til uw rechtervoet van de grond, klaar om naar voren te stappen in een nieuwe brede houding. Draai uw middel tegen de klok in en pak een bal op, met uw linkerhand bovenop en uw rechterhand aan de onderkant. Houd uw rug rechtop.

Uw rechterhand glijdt onder een denkbeeldige bal langs en uw linkerhand ligt boven op de bal

Inademen

Uw rechterknie staat boven uw tenen, niet verder

Uit-ademen

Schuif uw achterste voet indien nodig bij in een comfortabele positie door op uw linkerhiel te draaien

2 Draai uw middel met de klok mee terug naar uw centrum. Stap naar voren, zet eerst uw hiel neer, in een brede houding, en buig uw rechterknie om uw gewicht naar voren te brengen. Draag de bal, die kleiner wordt, met u mee. Uw rechterkant komt omhoog tot borsthoogte en de vingers van uw linkerhand wijzen in de richting van uw rechterhandpalm.

Het koor

De tai chi-serie vervolgt met een aantal herhalingen die u op blz. 48-53 heeft geleerd. Als het goed is, kent u deze al, dus laten we ze kort zien. De volgorde is dezelfde: Grijp de staart van de vogel (zie blz. 107) wordt gevolgd door Trek terug en Duw, dan Gescheiden handen en Stoot en tot slot de Enkelvoudige zweep.

Houd uw ruggenwervel de hele tijd rechtop. Probeer de verleiding te verstaan deze bewegingen snel af te werken omdat u ze al kent. Het is juist de voortdurende herhaling van goed geoefende bewegingen zonder bewuste gedachten die u in staat stelt te 'los te laten' en wat Chinese filosofen 'wu wei' (zonder gedachten) noemen, te bereiken. Zo komt u dichter bij de toestand van 'bewegend mediteren'. Houd het ritme van uw bewegingen dus laag en houd uw ademhaling van begin tot eind constant.

Trek terug en Duw

1 Inademen

2 Inademen vervolg

3 Uitademen

Gescheiden handen en Stoot

1 Inademen

2 Uitademen

Enkelvoudige zweep

1 Inademen

2 Uitademen

3 Inademen

4 Uitademen

5 Inademen

6 Uitademen

Vier hoeken – eerste

De Vier hoeken-serie is bijna een kleine tai chi-vorm op zichzelf. De serie bestaat uit vier bewegingen die elk twee hele ademhalingen duren en beginnen en eindigen op een diagonaal – met het gezicht naar een 'hoek'. Ze zijn prachtig om te zien en u zult echt genieten en een voldaan gevoel krijgen van de uitvoering.

BEGIN Laat de Snavel van de kraanvogel los en breng uw gewicht op uw rechterzijde.

1 Draai wat op uw linkerhiel zodat uw tenen naar binnen wijzen. Draai uw middel met de klok mee en draai uw rechterhand zodat uw handpalm naar uw lichaam begint te wijzen. Laat intussen uw linkerhand met de handpalm omhoog langzaam zakken voor uw centrum, met uw draaiende middel mee.

2 Breng uw gewicht op uw linkervoet en til uw rechtervoet van de grond, klaar om te stappen. Blijf uw middel met de klok mee draaien en zet dan uw rechtervoet langzaam plat op de grond, zoals op de foto. Hierdoor kunt u uw gewicht weer terugbrengen op uw rechterzijde.

Ontspan uw schouders en houd ruimte tussen uw ellebogen en uw lichaam

Inademen

Uw rechterhandpalm is naar binnen gedraaid en wijst nu grofweg naar uw linkerschouder

Uitademen

POSITIEVE EFFECTEN

- De bewegingenserie is voornamelijk goed voor de urinewegen en voor de voortplantingsorganen
- De serie opent en geeft energie aan de liesstreek, waar zich belangrijke lymfklieren bevinden.

3 Breng al uw gewicht op uw rechtervoet en til uw linkervoet van de grond. Trek eventueel de tenen van uw linkervoet wat naar uw rechterhiel toe en maak u klaar om naar de eerste hoek uit te stappen.

4 Stap met uw linkervoet op de diagonaal in een brede houding; zet eerst uw hiel neer en buig uw linkerknie. Draai tijdens de stap uw linkerhand en breng deze, met de handpalm naar buiten, omhoog tot kinhoogte. Draai dan uw rechterhandpalm en stoot hem op borsthoogte naar voren.

Vier hoeken – tweede

De tweede hoek vraagt om spannend voetenwerk; u moet namelijk een draai van 270 graden maken (driekwart cirkel). Als u bedenkt dat u voor de eerste hoek met uw gezicht, laten we zeggen, zuidwest bent uitgekomen, moet u voor deze zuidoost uitkomen. U draait met de klok mee om dit hele stuk af te leggen.

Dit beeld van de andere kant toont de positie van de handen

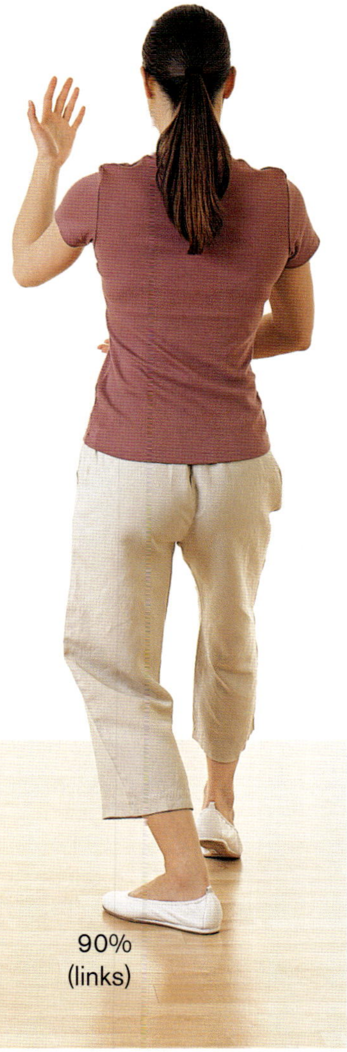

BEGIN Laat uw gewicht op uw achterste been zakken en ontspan.

1 Draai uw middel met de klok mee en draai op uw linkerhiel uw tenen naar binnen. Draai uw handpalmen langzaam naar binnen en trek uw armen dichter bij uw lichaam. Uw rechterhand, palm omhoog, zakt langzaam naar uw centrum, tot dicht bij uw linkerelleboog.

2 Breng uw gewicht op uw linkervoet. Zak in uw linkerbeen en draai uw middel verder met de klok mee door uw rechterhiel van de grond te tillen en op uw tenen te draaien. Uw rechterhandpalm is nu gedraaid en wijst naar uw linkerschouder.

3 Breng al uw gewicht op uw linkervoet en til uw rechtervoet volledig van de grond. Blijf uw middel met de klok mee draaien, in de richting van de kant van uw rechterhand, en maak u klaar om naar de tweede hoek uit te stappen. Open door de inademing uw schoudergebied en houd uw rug recht.

POSITIEVE EFFECTEN

- **Met Vier Hoeken zorgt u ervoor dat de gewrichten van uw armen en schouders soepeler worden.**

4 Stap met uw rechtervoet op de diagonaal in een brede houding; zet eerst uw hiel neer en buig uw rechterknie. Draai tijdens de stap uw rechterhand en breng deze, met de handpalm naar buiten, omhoog tot kinhoogte. Draai dan uw linkerhandpalm en stoot hem op borsthoogte naar voren.

Vier hoeken – derde

De derde hoek is wat eenvoudiger. U kunt er direct in overstappen. In termen van windstreken komt u uit het zuidoosten en stapt u nu naar het noordoosten. Een handig ezelsbruggetje: aan het eind van een hoek staat de arm aan de kant van de voorste voet altijd het hoogst.

BEGIN Laat uw gewicht op uw achterste been zakken en ontspan.

1 Draai uw rechterhand zo dat uw handpalm naar uw lichaam begint te wijzen. Laat intussen uw linkerhand, handpalm omhoog, langzaam zakken voor uw centrum, met uw draaiende middel mee. Til uw rechtervoet van de grond, klaar om te stappen, en draai uw middel een klein stukje tegen de klok in.

2 Stap met al uw gewicht op uw linkerzijde licht schuin naar voren en zet uw rechtervoet plat op de grond voor uw linkervoet.

3 Maak u klaar om op de diagonaal te stappen door uw linkervoet van de grond te tillen. Open uw armen, klaar voor de eindstap. Stel u voor dat uw linkerhandpalm langs de buitenkant van uw rechteronderarm gaat als uw handpalmen naar buiten draaien.

POSITIEVE EFFECTEN

- **Het speciale voetenwerk en de draaiende bewegingen van Vier hoeken zijn een uitstekende oefening voor uw knieën.**
- **Het uitstappen van de hoek helpt de belangrijke gewrichten van de heupen en het bekken te ontwikkelen en te versterken.**

Trek eventueel de tenen van uw linkervoet wat naar uw rechtervoet toe

Zorg ervoor dat u in balans bent door goed in uw rechterbeen te zakken

Inademen

Houd uw rechterhand midden voor uw borst en uw linkerhand wat hoger en iets links van het midden

Uitademen

4 Stap met uw linkervoet op de diagonaal in een brede houding; zet eerst uw hiel neer en buig uw linkerknie. Draai tijdens de stap uw linkerhand en breng deze, met de handpalm naar buiten, omhoog tot kinhoogte. Draai dan uw rechterhandpalm en stoot hem op borsthoogte naar voren.

Vier hoeken – vierde

Voor de vierde en laatste hoek moet u opnieuw een heel stuk afleggen – deze keer in noordwestelijke richting. Maak hiervoor gebruik van die speciale combinatie van draaien op uw hiel en op uw tenen, en blijf uw middel met de klok mee draaien om u gaande te houden.

POSITIEVE EFFECTEN

- **Naast alle reeds genoemde effecten van deze serie oefeningen is Vier hoeken heel goed voor uw zelfvertrouwen en coördinatie.**

BEGIN Laat uw gewicht op uw achterste been zakken en ontspan.

1 Draai uw middel met de klok mee en draai op uw linkerhiel uw tenen naar binnen. Draai uw handpalmen langzaam naar binnen en trek uw armen dichter bij uw lichaam. Uw rechterhand, palm omhoog, zakt langzaam naar uw centrum, tot dicht bij uw linkerelleboog.

2 Breng uw gewicht op links. Draai uw middel verder met de klok mee door uw rechterhiel van de grond te tillen en op uw tenen te draaien. Uw rechterhandpalm is nu gedraaid en wijst naar uw linkerschouder.

Houd uw linkerarm nog steeds hoger dan uw rechterarm

Inademen

Haal uw gewicht van uw rechterzijde als u gaat draaien op uw tenen en zak in uw linkerzijde

Uitademen

3 Breng al uw gewicht op uw linkervoet en til uw rechtervoet volledig van de grond. Blijf uw middel met de klok mee draaien, in de richting van de kant van uw rechterhand, en maak u klaar om naar de vierde hoek uit te stappen. Open door de inademing uw schoudergebied en houd uw rug recht.

4 Draai uw heup open en stap met uw rechtervoet op de diagonaal in een brede houding; zet eerst uw hiel neer en buig uw rechterknie. Draai tijdens de stap uw rechterhand en breng hem, met de handpalm naar buiten, omhoog tot kinhoogte. Draai dan uw linkerhandpalm en stoot hem op borsthoogte naar voren.

Weer af

Na uw laatste hoek hoeft u alleen maar een beweging uit te voeren die u al heeft geleerd, een heel eind terug, op blz. 46. Het enige verschil is dat u hier vanuit een diagonale positie komt, dus moeten uw voeten een beetje harder werken.

POSITIEVE EFFECTEN

- **Zoals alle brede houdingen vormt deze beweging een goede basis voor uw houding.**
- **De beweging verbetert tevens uw balans en zelfvertrouwen en geeft u het typische 'geaarde' tai chi-gevoel, dat prettig is bij dansen en sporten en dat, als u wat ouder bent, voorkomt dat u valt.**

BEGIN Ontspan uw armen. Breng uw gewicht terug op uw linkervoet en draai op uw rechterhiel licht naar binnen.

1 Laat uw linkerarm langzaam naar uw centrum zakken en draai daarbij uw middel tegen de klok in. Uw rechterhandpalm begint naar binnen te draaien. Breng uw gewicht weer op uw rechterzijde, klaar om uw linkervoet op te tillen om naar voren te stappen.

2 Stap met uw linkervoet recht naar voren; zet uw hiel eerst neer en buig uw knie om uw gewicht naar voren te brengen. Breng tegelijkertijd uw linkeronderarm horizontaal omhoog voor uw borst, handpalm naar binnen, en laat uw rechterarm, handpalm naar achteren, langs de zijkant zakken. Schuif tot slot wat nu uw achterste voet is bij door op uw rechterhiel te draaien, waardoor u de spanning van uw knie wegneemt.

Het koor

Na Weer af gaat u verder met uw laatste koor, te beginnen met Grijp de staart van de vogel. Hiermee kunt u uw vorm opnieuw een flink stuk langer maken. U kent deze bewegingen zo langzamerhand goed, dus laten we ze slechts kort zien. Als u twijfelt, blader dan nog even terug naar blz. 47-53.

Een van de voordelen van een herhaalde serie als het koor (dat vier keer voorkomt) is dat deze een soort oriëntatiepunt vormt. U zult merken dat dat heel handig is als u de hele vorm uit uw hoofd probeert te leren. Deze bewegingen zijn altijd als zeer waardevol beschouwd en dat geldt nog steeds, of u nu geïnteresseerd bent in de gevechtskant van tai chi of, zoals wij, meer in de gezondheidsaspecten van tai chi.

Grijp de staart van de vogel

1 Inademen

2 Uitademen

Trek terug en Duw

1 Inademen

2 Inademen vervolg

3 Uitademen

Gescheiden handen en Stoot

1 Inademen

2 Uitademen

Enkelvoudige zweep

1 Inademen

2 Uitademen

3 Inademen

4 Uitademen

5 Inademen

6 Uitademen

De slang kruipt naar beneden

Na het laatste koor vervolgt u de tai chi-serie met een herhaling van een andere beweging die u al heeft geleerd: De slang kruipt naar beneden, ook wel de 'Gehurkte enkelvoudige zweep' genoemd. We laten deze beweging weer helemaal zien.

POSITIEVE EFFECTEN

- **Deze beweging maakt de gewrichten van uw heupen, knieën en enkels sterk.**
- **De beweging is goed voor de spieren van uw bovenbenen en billen.**

BEGIN Ontspan uw linkerhand en breng het grootste deel van uw gewicht tijdelijk naar voren op uw linkervoet.

1 Verleng uw stand door met uw rechtervoet naar achteren te glijden. Breng uw gewicht weer terug op uw rechtervoet, draai uw middel met de klok mee en buig uw rechterknie om te 'hurken' op uw achterste been. Haal intussen uw linkerhand, palm naar binnen, terug naar borsthoogte.

Plaats uw achterste knie direct boven uw voet voor meer stabiliteit

2 Draai een beetje op uw linkerhiel, als dat lukt, om uw tenen naar binnen te laten wijzen, en zak door uw rechterknie. Blijf uw middel met de klok mee draaien en breng uw linkerhand in een sierlijke boog recht omlaag tot vlak bij uw rechterbeen.

Houd uw rechterarm gestrekt, maar niet gespannen

U hoeft niet per se heel diep door uw knie te zakken als dat niet lukt

3 Laat uw linkerhand zijn reis naar voren vervolgen, tot vlak bij de grond, en breng uw voorste voet weer op één lijn door de tenen weer recht naar voren te laten wijzen. Als u deze baan in de lucht zou tekenen, zou u merken dat uw linkerhand tijdens deze beweging grofweg een grote cirkel met de klok mee maakt: naar achteren, omlaag en weer naar voren.

Strek uw linkervoet nog een keer

Stap naar voren naar zeven sterren

Er wordt wel gezegd dat de 'zeven sterren' de best zichtbare sterren van de Grote Beer zijn. Als we de omtrek van deze stand bekijken, lijkt deze inderdaad erg op de constellatie die we Ursa Major noemen. Dit is de eerste van een aantal spannende bewegingen in het laatste deel van de vorm.

POSITIEVE EFFECTEN

- **Deze dynamische beweging versterkt de benen en zorgt voor nuttige draaiingen voor de pols- en elleboogggewrichten.**
- **Zoals bij veel tai chi-bewegingen kunt u door de sterke, vastberaden bewegingen van de handen uw concentratie en geestelijke focus verbeteren.**

BEGIN Verplaats uw gewicht naar voren en draai nogmaals op uw rechterhiel naar binnen.

1 Draai uw linkervoet naar buiten om in een comfortabele positie te komen voor wat volgt. Trek uw lichaam naar voren en omhoog uit de hurkpositie. Begin langzaam uw armen te kruisen, uw linkerpols over uw rechterpols.

2 Houd uw gewicht grotendeels op uw linkerzijde en zet de tenen van uw rechtervoet recht naar voren in een smalle houding. Houd beide handen nu in een losse vuist, uw armen kruisen elkaar ter hoogte van uw polsen, en breng ze van uw middel naar ongeveer kinhoogte. Kijk over uw polsen heen naar de horizon.

Stap terug en berijd de tijger

U zult wel gemerkt hebben dat de tijger regelmatig terugkomt in de namen van de tai chi-bewegingen. De tijger is met zijn kracht en vitale energie een van de machtigste tegenstanders – wat misschien wel betekent dat zowel onze grootste kracht als onze grootste tegenstander in onszelf zit.

POSITIEVE EFFECTEN

- **Deze beweging zorgt voor een zeer goede draai van de armgewrichten zonder te veel spanning.**
- **Zoals zo vaak bij tai chi zorgt de beweging voor ontspannen schouders en is deze bevorderlijk voor de toevoer van bloed en energie naar hoofd, gezicht en hersenen, wat goed is voor de concentratie.**

BEGIN Haal uw gekruiste armen van elkaar en laat uw handen een beetje zakken.

1 Houd uw gewicht op uw linkerzijde en stap met uw rechtervoet naar achteren; zet eerst uw hiel neer. Breng uw gewicht op uw rechtervoet en til uw linkervoet op voor een smalle teenhouding aan de linkerkant. Breng intussen uw handen uit elkaar; laat uw linkerhand net links van het midden zakken en draai de rechterhand naar buiten en omhoog tot hoofdhoogte.

2 Breng uw linkerhand, met de handpalm nog steeds licht naar buiten, met een sierlijke boog verder omlaag en draai uw middel daarbij licht tegen de klok in. Uw hand blijft hangen ter hoogte van uw heup, net links van het midden.

Sleep de lotus en Halvemaanschop

Bij de volgende beweging maakt u een volledige draai van 360 graden met behulp van een combinatie van draaien op de hiel en op de tenen. De oosterse lotusbloem is een waterplant die u hier over het wateroppervlak gaat slepen. De beweging eindigt met een schop en is een van de moeilijkste van de hele tai chi-vorm.

BEGIN Til uw linkervoet van de grond en strek uw been, klaar om te 'slepen'.

1 Gebruik de vaart van uw armen en linkerbeen om uw lichaam met de klok mee te draaien. Draai daarbij op de bal van uw rechtervoet en laat de buitenkant van uw linkervoet voorop gaan.

2 Als u halverwege bent, zet u uw linkerhiel op de grond . U staat nu even met uw gezicht de andere kant op dan in uw uitgangspositie. Hoewel uw gewicht tijdens de hele draai op uw rechterzijde rust, ziet u op de foto dat het enigszins naar de linkervoet verschuift als deze contact met de grond maakt.

POSITIEVE EFFECTEN

- **Deze beweging maakt uw ruggenwervel, knieën en heupen soepeler.**
- **Deze zeer uitdagende beweging is goed voor uw zelfvertrouwen en balans.**
- **De beweging stimuleert de achterkant van uw been en is daarom goed voor de Nier- en Blaas-energie.**

3 Ga verder met de draai, helemaal rond in de richting van waar u bent begonnen, door op de bal van uw rechtervoet en de hiel van uw linkervoet te draaien. Houd uw onderarmen tijdens de draai helemaal horizontaal met de handpalmen omlaag. Dit moet allemaal vrij snel gebeuren, vooral als u het nog moet leren, maar uw zult versteld staan van hoe gracieus en volleerd u deze draai na een tijdje kunt uitvoeren.

4 Houd uw onderarmen net rechts van het midden, trek uw rechterknie op, breng ook uw onderbeen omhoog om uw been te strekken en zwaai uw rechterbeen in een boog naar buiten (in de vorm van een halvemaan). Als uw voet ergens contact mee zou maken, zou dat dus met de buitenkant zijn.

Halvemaanschop, afsluiting

Na elke schop moet u inademen voor u uw voet weer neerzet. Dit zorgt ervoor dat u controle over de beweging houdt. Gewoon weer in de volgende beweging vallen is niet goed genoeg. De inademing aan het begin van deze beweging geeft u een pauzemoment en brengt uw energie tot rust.

POSITIEVE EFFECTEN

- **Deze beweging zorgt voor ontspanning en rust.**
- **De beweging verbetert uw balans en is een goede training voor uw bovenbenen.**

BEGIN Laat uw onderbeen zakken en draai uw middel licht met de klok mee om uw lichaam op één lijn te brengen met uw rechterbovenbeen.

1 Houd uw knie opgetrokken en breng uw armen boven uw rechterdij met de palmen omlaag. Herstel rustig uw balans na het spectaculaire werk van daarnet.

2 Zet uw voet langzaam neer, eerst met de hiel, met de tenen naar buiten. Buig uw rechterknie, zak omlaag en breng uw gewicht naar voren op uw rechterzijde. Laat uw handen boven uw bovenbenen glijden en laat ze aan het eind een beetje zakken. Ontspan.

Span de boog en schiet de tijger

Bij deze beweging vormen uw handen losse vuisten of lijken ze een boog of stok vast te hebben. Als u net met tai chi begonnen bent, kan de actie van uw rechterarm ervoor zorgen dat uw rechterschouder omhooggaat en gespannen wordt. Houd al uw handelingen goed in de gaten en houd uw schouders altijd op één lijn.

POSITIEVE EFFECTEN

- **Deze interessante beweging verbetert uw balans en versterkt het gevoel dat er een energieverbinding tussen uw handen kan bestaan.**
- **De beweging maakt de gewrichten van schouders, ellebogen en polsen soepeler.**

BEGIN Sluit uw handen heel losjes rond een denkbeeldige boog of stok; houd uw onderarmen daarbij nog steeds horizontaal en houd de knokkels van uw handen omhoog.

1 Glijd met uw rechterhand in een sierlijke boog omhoog en naar binnen tot op hoofdhoogte. Draai uw hand bij het omhooggaan zo dat uw knokkels naar binnen komen te staan. Dat houdt in dat uw arm een spiraalachtige draai rond zijn lengteas maakt. Houd de verbinding tussen uw handen intact – dus houd de denkbeeldige boog of stok vast.

2 Draai uw middel een stukje tegen de klok in om de 'boog te spannen' – trek daarvoor uw rechterhand naar achteren tot vlak naast uw hoofd en duw uw linkerhand naar voren, links van het midden. Draai tot slot uw middel voor deze bewegingen van uw armen, til uw achterste voet van de grond en breng hem een beetje naar voren door uw knie te buigen.

Stap naar voren, Buig af en Stomp

Deze beweging heeft u al gemaakt op blz. 60-61, aan het eind van deel 1 van de vorm. Hier doet u deze nogmaals, als begin van de afsluitende serie van deel 2 en dus van de hele vorm. Het grootste verschil is dat u de vorige keer met uw linkervoet naar voren begon en deze keer met de rechtervoet naar voren.

BEGIN Zet uw linkervoet plat op de grond en breng uw gewicht erop terug.

1 Laat uw linkervuist los, maar houd die in uw rechterhand. Laat uw armen rustig zakken: uw linkerhand gaat linksom naar uw linkerzijde, uw rechterhand komt net links van het midden uit. Begin uw rechtervoet op te tillen door uw tenen los te maken van de grond.

2 Til uw rechtervoet heel even van de grond en zet hem dan weer neer in een scherpere hoek, nog steeds voor u maar met de tenen sterker naar buiten. Dit geeft u een stevige basis voor de volgende fase, waarin u naar voren stapt. ' Werp' tegelijkertijd uw rechtervuist om naar uw rechterzijde, met de handpalm omhoog, en laat uw linkerhand volgen. Breng uw gewicht tot slot naar uw rechterbeen en buig uw knie.

POSITIEVE EFFECTEN

- Deze serie is een krachtig middel om uw mentale energie efficiënt te gebruiken en uw chi te sturen.
- Een van de grootste effecten krijgt u door een regelmatig ritme aan te houden en de stomp niet af te raffelen: kalmte en zelfbeheersing.
- Het overbrengen van het gewicht van de ene op de andere zijde versterkt het idee van 'stilstand in de beweging', een belangrijk onderdeel van de meditatieve ervaring van tai chi.

3 Maak u klaar om naar voren te stappen door al uw gewicht op uw rechterzijde te brengen en de tenen van uw linkervoet iets in te trekken naar uw rechterhiel toe. Til uw linkeronderarm op, klaar om af te weren, en trek de vuist in uw rechterhand naar achteren, met de knokkels naar voren, klaar voor de stomp.

4 Stap naar voren met uw linkervoet en buig uw knie. Zwaai tegelijkertijd uw linkeronderarm naar links, weg van uw centrum, en duw uw rechterhand naar voren voor de stomp. Doe dit eenvoudigweg door uw rechterarm te strekken. Draai uw rechterhand tijdens het naar voren gaan, zodat u uitkomt met uw duim omhoog.

Laat arm los en Stoot

U gaat de tai chi-vorm nu besluiten met dezelfde bewegingen als op blz. 62-63. We laten ze hier nog een keer zien, maar met een ander model, zodat u de subtiele verschillen kunt zien die iedereen in zijn bewegingen aanbrengt. In beide gevallen begint de beweging met het draaien van het middel.

BEGIN Ontspan uw armen en draai uw middel licht tegen de klok in.

1 Breng uw rechterhand, nog steeds in vuist, in een positie links van uw centrum. Uw linkeronderarm blijft min of meer horizontaal. Laat uw linkerhand onder uw rechteronderarm en nog verder glijden, met uw vingers naar voren en uw handpalm omlaag.

2 Laat uw vuist los en draai beide handen zo dat uw handpalmen omhoog wijzen. Breng uw gewicht naar achteren en draai uw middel met de klok mee. Trek gelijktijdig uw rechterhand terug langs uw linkeronderarm. Het lijkt of u uw rechterarm losmaakt van uw linkerarm, maar in werkelijkheid komt deze breedmakende beweging voort uit het draaien van uw middel en het verplaatsen van uw gewicht naar uw achterste been.

POSITIEVE EFFECTEN

- **Polsdraaiingen beginnen bij de elleboog, dus bevordert deze beweging de kracht en souplesse van dit gewricht en voorkomt deze problemen als een 'tenniselleboog'.**
- **Deze complexe beweging vergroot tevens uw behendigheid en coördinatie.**

3 Bereid de stoot voor door beide handpalmen zo te draaien dat ze naar voren wijzen en uw middel terug naar het midden te draaien, zodat het recht naar voren staat. De stoot waarmee we deze beweging afsluiten, is te vergelijken met die op blz. 50, met het verschil dat u hier uw linkervoet naar voren zet en niet uw rechtervoet. Breng uw gewicht terug op uw linkervoet door uw knie te buigen en maak de stootbeweging met uw handen.

Draai en Sluit deel 2 af

Het einde van deel 2, en dus van de hele vorm, is exact hetzelfde als dat van deel 1, dat u al heeft gezien op blz. 64-67. Ga niet opeens versnellen omdat het einde in zicht is; bij tai chi is het de bedoeling de hele serie hetzelfde tempo aan te houden, langzaam en gelijkmatig, van het begin tot het eind.

BEGIN Breng het grootste deel van uw gewicht op uw rechterbeen.

1 Ontspan uw handen en draai langzaam op uw linkerhiel, zodat uw middel met de klok mee draait, waarna u weer teruggaat naar uw openingspositie. Houd uw handen eerst zo dat het lijkt of u ze warmt aan het vuur, met de palmen naar voren en schuin omlaag; til ze een beetje op en haal ze wat bij elkaar vandaan als u draait.

Houd uw handen uit elkaar en laat ze rustig bij elkaar vandaan glijden

Inademen

Richt uw energie nu vooral op uw rechterhand

Uitademen

2 Breng uw handen steeds verder bij elkaar vandaan, in een steeds wijdere boog die tot slot een hele cirkel vormt. Breng uw gewicht terug op uw linkerzijde en draai uw lichaam 90 graden met de klok mee. Til vervolgens uw rechterhiel op en trek uw rechtervoet naar achteren, zodat deze parallel aan uw linkervoet komt te staan.

3 Uw handen gaan verder in de cirkelbeweging, omlaag en weer naar binnen, tot ze weer bij elkaar komen (zonder elkaar te raken) voor uw onderbuik. Breng de helft van uw gewicht nu op uw rechterzijde, in een zeldzame 50/50-houding, dezelfde als waarmee u deel 1 begonnen en geëindigd bent. Houd uw handpalmen naar binnen, met ontspannen vingers.

POSITIEVE EFFECTEN

- **Deze laatste beweging is goed voor de ontspanning en voor de souplesse in de gewrichten van de schouders en bovenarmen.**
- **De beweging stimuleert de gebieden met lymfatisch weefsel in de hals, borst en oksels.**
- **Tot slot krijgt u de kans een belangrijk moment van rust te nemen na al uw tai chi-inspanningen.**

4 Breng bij de volgende inademing uw handen tegelijk omhoog, voor uw centrum langs, tot ze elkaar kruisen. Laat uw linkerpols op kinhoogte heel even licht rusten op uw rechterpols. Uw linkeronderarm bevindt zich dichter bij uw lichaam dan uw rechteronderarm.

5 Laat uw armen tot slot rustig langs uw centrum naar hun natuurlijke positie aan beide kanten van uw lichaam zakken. Laat u een beetje zakken terwijl u uitademt, voor u uw tai chi-sessie beëindigt. Dit kan één of twee extra ademhalingen duren als u dat prettig vindt, een moment van reflectie op het gevoel dat u heeft na het afronden van uw tai chi-reis.

Samenvatting van de bewegingen

De foto's op de volgende bladzijden tonen de hele vorm in het klein, precies in de volgorde waarin u hem moet uitvoeren. Als u de individuele bewegingen goed bestudeerd en onder de knie heeft, kunt u deze samenvatting gebruiken als richtlijn die u zonder pauze door de hele serie leidt. Onthoud dat u tai chi weliswaar als aparte bewegingen moet leren, maar uiteindelijk als een strak geheel en zonder pauzes in een vloeiende, dansachtige serie moet kunnen uitvoeren.

Afhankelijk van uw ademhalingsritme neemt de hele serie 5-8 minuten in beslag; zeer ervaren tai chi-beoefenaars kunnen er echter ook langer over doen. Er zijn geen vastomlijnde regels over de snelheid – het belangrijkste is dat u zich er prettig en ontspannen bij voelt.

De korte yang-vorm: deel 1

blz. 42

blz. 42

blz. 43

blz. 43

blz. 44

blz. 44

blz. 45

blz. 45

blz. 46

blz. 46

blz. 47

blz. 47

blz. 48

blz. 48

blz. 49

blz. 50

blz. 50

blz. 51

blz. 51

blz. 52

blz. 52

blz. 53

blz. 53

blz. 54

blz. 54

blz. 55

blz. 55

blz. 56

blz. 56

blz. 57

blz. 57

blz. 58

blz. 58

blz. 59

blz. 59

blz. 60

blz. 60

blz. 61

blz. 61

blz. 62

blz. 62

blz. 63

blz. 64

blz. 65

blz. 65

blz. 66

blz. 67

De korte yang-vorm: deel 2

blz. 70

blz. 70

blz. 71

blz. 72

blz. 72

blz. 73

blz. 74

blz. 74

blz. 75

blz. 75

blz. 76

blz. 76

blz. 77

blz. 77

blz. 78

blz. 79

blz. 79

blz. 80

blz. 80

blz. 81

blz. 82

blz. 82

blz. 83

blz. 84

blz. 84

blz. 85

blz. 86

blz. 86

blz. 87

blz. 87

blz. 88

blz. 88

blz. 89

blz. 90

blz. 90

blz. 91

blz. 92

blz. 92

blz. 92

blz. 93

blz. 93

blz. 94

blz. 95

blz. 95

blz. 96

blz. 96

blz. 97

blz. 97

blz. 98

blz. 98

blz. 99

blz. 99

blz. 99

blz. 100

blz. 100

blz. 101

blz. 101

blz. 102

blz. 102

blz. 103

blz. 104

blz. 104

blz. 105

blz. 105

blz. 106

blz. 106

blz. 107

blz. 107

blz. 108

blz. 108

blz. 108

blz. 108

blz. 108

blz. 109

blz. 109

blz. 109

blz. 109

blz. 109

blz. 109

blz. 110

blz. 110

blz. 111

blz. 111

blz. 112

blz. 112

blz. 113

blz. 113

blz. 114

blz. 114

blz. 115

blz. 115

blz. 116

blz. 116

blz. 117

blz. 117

blz. 118

blz. 118

blz. 119

blz. 119

blz. 119

blz. 119

blz. 119

blz. 120

blz. 120

blz. 120

blz. 120

blz. 120

blz. 120

blz. 120

blz. 120

blz. 121

blz. 121

blz. 121

blz. 122

blz. 122

blz. 123

blz. 123

blz. 124

blz. 124

blz. 125

blz. 125

blz. 126

blz. 126

blz. 127

blz. 127

blz. 128

blz. 128

blz. 129

blz. 129

blz. 130

blz. 130

blz. 131

blz. 132

blz. 132

blz. 133

blz. 133

blz. 133

Register

Dankbetuiging

Ik zou mijn dank willen uitspreken aan iedereen bij Hamlyn die heeft geholpen bij de productie en het ontwerp van dit boek. Mijn speciale dank gaat uit naar Jackie en Mark, voor het op zich nemen van de verre van gemakkelijke taak om model te staan voor de tai chi-vorm, en naar Peter Pugh-Cook, voor zijn geduld, gevoeligheid en vaardigheid bij het maken van de foto's. Bedankt ook Jenny en Neil, voor hun vriendelijkheid en steun tijdens de dagen van de foto-sessies, en mijn partner Ruby, die, zoals altijd, voor de meeste zorg en aanmoediging zorgde – en er ook nog bij kon blijven lachen!

Als u, tot slot, dit boek met plezier heeft gelezen, kijk dan ook nog eens op mijn website:
www.orientalexercise.wanadoo.co.uk

Fotoverantwoording:
Speciale foto's: Peter Pugh-Cook
AKG, London/British Library; Alamy/John Foxx 27

Modellen: Jackie Chan, Mark Fletcher